할 수 있다!
컴퓨터
활용 (Windows 10)

이 책의 구성

06 컴퓨터는 내 놀이터

- '미디어 플레이어' 앱
- 음악 라이브러리
- 비디오 라이브러리
- 음악 및 동영상 재생
- 재생 목록 만들기

미·리·보·기

준비물: 헤드폰, 스피커 또는 이어폰
준비파일: [예제음악] 폴더, [음악] 폴더, [예제동영상] 폴더

파워유저라고 하면 다양한 응용 프로그램을 잘 사용하고 컴퓨터의 기능을 최대한 활용하는 사람을 이릅니다. 컴퓨터를 잘 다루려면 컴퓨터를 잘 가지고 놀 줄 알아야 합니다. 이번 장에서는 사람들이 취미 활동으로 많이 하는 음악 감상을 컴퓨터로 하는 방법을 배워보겠습니다.

108

학습 포인트 ✎
이번 장에서 학습할 핵심 내용을 소개합니다.

준비파일 ✎
본문 실습에 필요한 파일명입니다.

시대인 게시판에서 다운로드받아 사용하세요.

미리보기 ✎
학습 결과물을 미리 살펴봅니다.

---

02 방해꾼 차단하기 – 알림 센터

01 작업 표시줄 오른쪽의 ■(알림 센터) 아이콘을 클릭하여 알림 센터를 엽니다. 꺼져 있는 [집중 지원] 버튼을 클릭합니다.

02 알림을 제외한 모든 알림이 꺼집니다. 한 번 더 [집중 지원] 버튼을 클릭합니다. 사용자가 설정한 앱들을 제외한 모든 알림이 꺼집니다. 한 번 더 [집중 지원] 버튼을 클릭하면 [집중 지원] 버튼이 꺼집니다.

집중지원 ■(알림 센터) 아이콘을 마우스 오른쪽 버튼으로 클릭하면 바로 '집중 지원' 모드를 적용할 수 있습니다.

190

✎ 예제 따라 하기
실생활에서 필요한 예제를 순서대로 따라 할 수 있도록 구성하여 누구나 쉽게 이해할 수 있습니다.

참고

윈도우나 앱의 업데이트에 따라 화면 구성이나
메뉴명이 교재와 다를 수 있습니다.

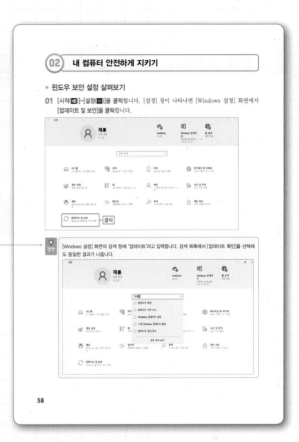

🖋 잠깐

본문에서 다루지 못한 내용이나 알아두면
유용한 내용을 설명합니다.

응용력 키우기 🖋

응용문제를 통해 본문에서 학습한 내용
을 정리하고 복습합니다.

힌트 🖋

응용문제를 푸는데 필요한 정보 또는 방법을
안내합니다.

이 책의 목차

예제파일 다운로드

1 시대인 홈페이지(www.sdedu.co.kr/book)에 접속한 후 로그인합니다.
※'시대' 회원이 아닌 경우 [회원가입]을 클릭하여 가입한 후 로그인을 합니다.

2 홈페이지 위쪽의 메뉴에서 [프로그램]을 선택합니다.

홈페이지의 리뉴얼에 따라 위치나 텍스트 표현이 변경될 수도 있습니다.

3 프로그램 자료실 화면이 나타나면 책 제목을 검색합니다. 검색된 결과 목록에서 해당 도서의 자료를 찾아 제목을 클릭합니다.

○ 프로그램자료실
H > 자료실 > 프로그램자료실

실기, 실무 프로그램 자료실
실기, 실무에 필요한 프로그램을 제공해 드립니다.

제목 ▼ 있다 컴퓨터

전체 (1)
전체목록 글쓰기

[할 수 있다!] 컴퓨터 활용 (Windows 10) N
발행일 : 2024-01-25   작성일 : 2024-01-02

전체목록 글쓰기

4 해당 페이지가 열리면 [예제 파일 다운로드]를 클릭합니다. 파일이 다운로드 되면 파일을 저장한 폴더로 이동합니다.

<table>
<tr><td></td><td style="text-align:right">목록   다음글</td></tr>
</table>

[할 수 있다!] 컴퓨터 활용 (Windows 10)

발행일 : 2024-01-25   작성일 : 2024-01-02

도서 '[할 수 있다!] 컴퓨터 활용'의 예제 파일입니다.

예제 파일을 다운로드받은 후 압축을 풀어 학습하세요.
(본 교재의 학습용으로만 사용하세요.)

[예제 파일 다운로드]

목록   다음글

5 압축 해제 프로그램으로 '할수있다_컴퓨터활용-예제파일.zip' 파일을 해제하면 교재의 준비 파일이 폴더별로 제공됩니다.

시작 전에 살펴보기

컴퓨터의 주요 구성

▲ 모니터　　　▲ 본체　　　▲ 키보드　　　▲ 마우스　　　▲ 스피커　　　▲ 프린터

바탕 화면의 구성

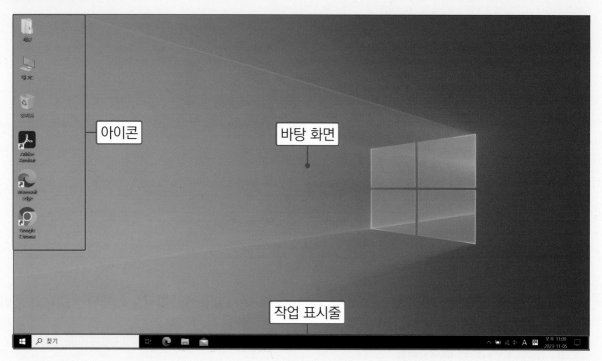

아이콘　　　바탕 화면　　　작업 표시줄

작업 표시줄의 구성

검색 상자　작업 보기　　　　작업 표시줄　　　바탕 화면 보기

날짜 및 시간

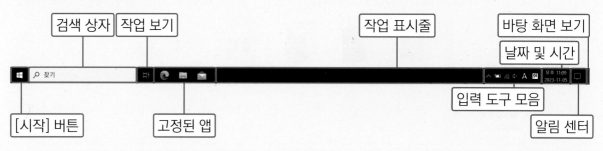

[시작] 버튼　　　고정된 앱　　　입력 도구 모음　　　알림 센터

01 윈도우를 만나보자

- ▪ 운영체제
- ▪ 시작 메뉴 구성
- ▪ 시작 화면 관리
- ▪ 타일 관리
- ▪ 알림 센터 관리
- ▪ 화면 분할

미 / 리 / 보 / 기

윈도우는 전세계에서 가장 많이 사용하는 개인용 컴퓨터 운영체제입니다. 컴퓨터를 잘 사

용하기 위해서는 윈도우를 잘 알아야 합니다. 이번 장에서는 윈도우의 시작이자 끝이라

할 수 있는 '시작 메뉴'를 알아보겠습니다.

01 운영체제와 윈도우

▶ 운영체제

컴퓨터를 잘 모르는 사람도 '운영체제'란 말은 들어 봤을 텐데 운영체제란 무엇일까요?
운영체제는 호텔의 서비스 시스템과 비슷합니다. 예를 들어 집에서는 먹고 싶은 음식을 직접
해 먹어야 하고, 세탁과 방 청소도 직접 해야 합니다. 수영을 하고 싶으면 멀리 있는 수영장을
찾아가야 하고, 택시도 직접 잡아야 하니 귀찮은 게 한두 가지가 아닙니다. 하지만, 호텔을 이
용하면 한 장소에서 서비스와 부대시설을 이용할 수 있어 편리합니다. 먹고 싶은 음식은 호텔
식당에 가서 먹을 수 있고, 직원에게 부탁을 하면 옷도 세탁해서 가져다 주며, 방도 청소해 줍
니다. 물어보면 친절하게 안내해 주는 매니저도 항시 대기하고 있으며, 택시도 불러 줍니다. 호
텔에 딸린 수영장에서 수영을 할 수도 있습니다.

호텔의 서비스 시스템이 고객에게 다양한 서비스와 편리함을 제공하고 있듯이, 컴퓨터의 운영체
제도 컴퓨터 사용자들에게 다양한 서비스와 편리함을 제공하고 있습니다. 그렇기 때문에 컴퓨
터를 이용하여 내 방, 내 책상에서 메일(편지) 보내기나 문서 작성, 음악 및 영화 감상 등을 손
쉽게 할 수 있습니다.

▶ 윈도우 10

운영체제에는 Windows, Mac OS, Linux, Unix 등 여러 종류가 있습니다. 그 중에서도 '윈도
우(Windows)'는 마이크로소프트(Microsoft)라는 회사에서 개발한 운영체제로, 전 세계에서
가장 많이 사용하고 있습니다. 윈도우는 지속적인 개발을 통해 꾸준히 발전해 왔습니다. 가장
최신의 윈도우 버전은 '윈도우 11'이며, 현재 가장 많이 사용하는 버전은 '윈도우 10'입니다. 이
책에서는 윈도우 10을 기준으로 설명합니다.
윈도우 10은 그래픽 인터페이스를 갖추고 있어 사용자가 마우스로 툭툭 클릭만 해도 대부분의
일을 처리할 수 있습니다. 또한 알림 기능과 다중 바탕 화면 기능, 스마트폰과의 연동 기능 등
사용자에게 제공되는 편리한 기능들이 많이 탑재되어 있습니다.

▶ 윈도우 10의 [시작] 버튼 살펴보기

바탕 화면의 [시작(⊞)] 버튼을 클릭하면 나타나는 메뉴는 크게 세 구역으로 나뉩니다. 맨 왼쪽부터 '시작 메뉴', '모든 앱', '시작 화면'으로 구성되어 있습니다.

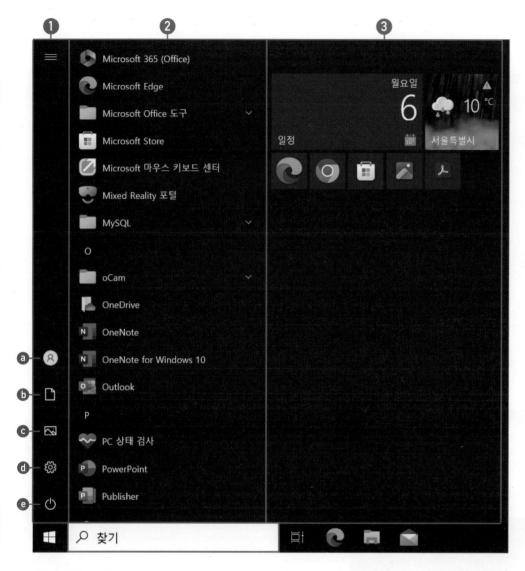

❶ 시작 메뉴

ⓐ **사용자 계정** : 현재 로그인되어 있는 사용자의 계정을 표시합니다. 윈도우는 여러 명이 사용할 수 있는 운영체제로 계정을 만들고 설정할 수 있습니다.

ⓑ **문서** : 컴퓨터에 문서가 저장되는 장소로 이동합니다.

ⓒ **사진** : 컴퓨터에 사진이 저장되는 장소로 이동합니다.

ⓓ **설정** : 윈도우 10의 옵션을 변경할 수 있는 [설정] 창의 [Windows 설정] 화면으로 이동합니다.

ⓔ **전원** : 컴퓨터를 종료하거나 다시 시작합니다. 또는 절전 모드로 진입할 수도 있습니다.

❷ **모든 앱** : 컴퓨터에 설치된 응용 프로그램과 유틸리티 항목입니다. 설치된 프로그램과 유틸리티들을 이곳에서 실행할 수 있습니다.

❸ **시작 화면** : 자주 쓰는 프로그램을 따로 모아 관리할 수 있습니다.

편리한 윈도우 10의 세상 속으로

▶ 시작 메뉴 설정하기

01 컴퓨터를 켜면 윈도우 화면이 켜지면서 바탕 화면이 보입니다. 시작 메뉴에 '파일 탐색기'를 추가해 보겠습니다. 작업 표시줄의 [시작(⊞)] 버튼을 클릭합니다.

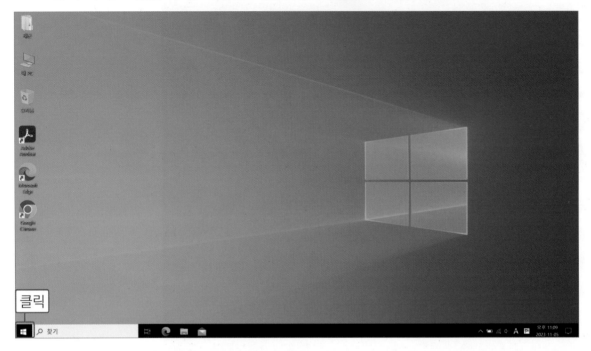

02 ⬜(문서), 🖼(사진), ⚙(설정) 중 한 곳을 마우스 오른쪽 버튼으로 클릭한 후 바로 가기 메뉴가 나타나면 [이 목록 개인 설정]을 선택합니다.

 시작 메뉴의 목록은 직접 추가하거나 삭제할 수 있습니다.

03 [설정] 창이 나타나면 [파일 탐색기] 항목의 **슬라이더를 클릭**해 '끔'을 '**켬**'으로 바꿉니다. [설정] 창의 오른쪽 상단의 ⊠(**닫기**) **버튼을 클릭**해 창을 닫습니다.

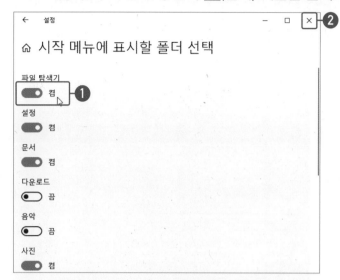

04 [시작(⊞)] 버튼을 다시 클릭합니다. ▣(파일 탐색기)가 표시된 것을 확인할 수 있습니다.

▶ 시작 화면의 타일 관리하기

01 [시작(⊞)] 버튼을 클릭하면 기본적으로 구성되어 있는 항목들이 보입니다. 타일의 위치를 조정해 보겠습니다. [일정] 타일을 클릭한 채 아래로 드래그합니다. 구역이 나뉘어지는 것을 확인한 후 마우스에서 손을 뗍니다.

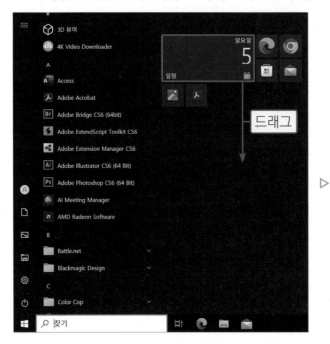 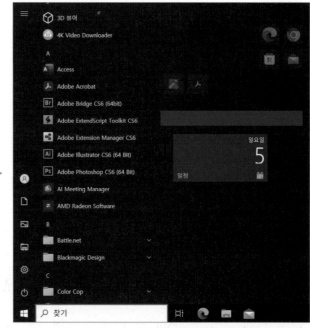

 사용자의 컴퓨터에 따라 시작 화면이 위의 그림(타일 개수와 정렬 상태 등)과 같지 않을 수 있습니다. 보이는 타일 하나를 선택해 따라해 봅니다.

02 같은 방식으로 [메일] 타일을 [일정] 옆으로 이동합니다. 타일들이 두 구역으로 정리되었습니다.

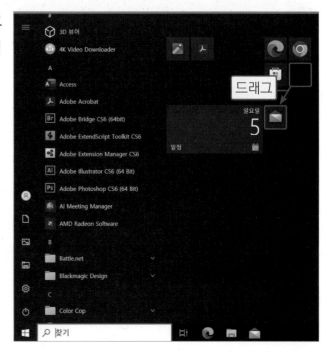

03 [일정]과 [메일] 타일 위쪽으로 마우스 포인터를 이동하면 '그룹 이름 지정'이라고 표시됩니다. 클릭한 후 '생산성'이라고 입력합니다.

 ▷

04 타일들의 크기를 조절해 보겠습니다. [일정] 타일을 마우스 오른쪽 버튼으로 클릭한 후 [크기 조정]-[작게]를 선택합니다.

05 타일의 크기가 작아진 것을 확인합니다. 이번에는 안 쓰는 타일을 제거해 보겠습니다. [메일] 타일을 마우스 오른쪽 버튼으로 클릭한 후 [시작 화면에서 제거]를 선택합니다.

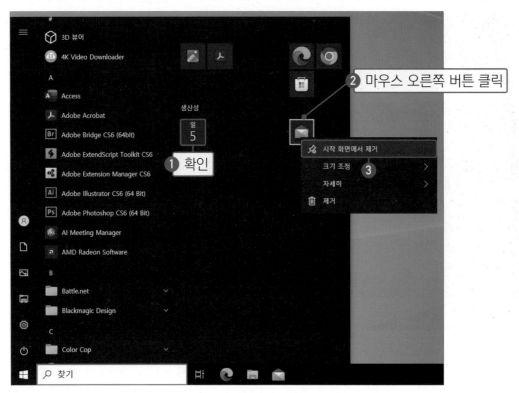

06 해당 타일이 시작 화면에서 사라진 것을 확인합니다.

 잠깐

'시작 화면에서 제거'와 '제거'의 차이
'시작 화면에서 제거'는 시작 화면에서 아이콘만 지운 것으로 프로그램 자체는 존재하기 때문에 언제든지 아이콘을 다시 만들 수 있습니다. 하지만 '제거'는 프로그램 자체를 컴퓨터에서 삭제하는 것입니다.

07 모든 앱에서 '날씨' 앱을 찾아 **시작 화면의 원하는 위치로** 드래그합니다.

08 앞의 과정을 참고하여 타일들의 크기와 위치를 원하는 방식으로 정렬합니다.

타일 메뉴 알아보기

타일을 마우스 오른쪽 버튼으로 클릭했을 때 나오는 메뉴 중 '자세히'에 대해 간단히 알아보겠습니다.

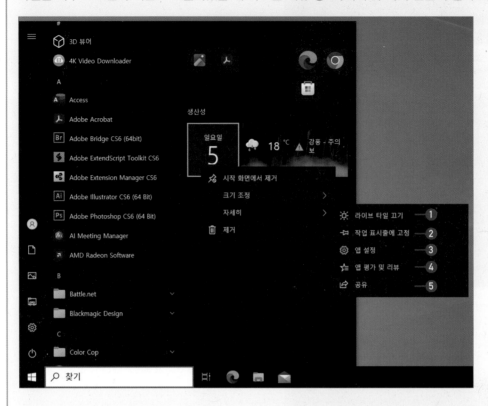

❶ **라이브 타일 끄기/켜기** : 일정, 날씨 뉴스와 같이 실시간으로 변동되는 사항이 클릭하지 않아도 타일에 실시간으로 보여집니다. 이 기능을 끄거나 켤 수 있습니다.

❷ **작업 표시줄에 고정** : 윈도우 10의 작업 표시줄에 아이콘을 복사합니다. 작업 표시줄에 아이콘이 있으면 [시작(⊞)] 버튼을 클릭하지 않고도 앱(프로그램)을 실행할 수 있습니다.

❸ **앱 설정** : 앱에 대한 옵션을 조절할 수 있습니다.

❹ **앱 평가 및 리뷰** : 앱에 별점을 줄 수 있습니다. 이 평가는 마이크로소프트 스토어에 등록됩니다.

❺ **공유** : 윈도우에 사용자의 연락처가 저장되어 있다면 연락처의 친구들에게 앱을 알려줘 설치할 수 있도록 합니다.

▶ 나만의 비서, 알림 센터

01 작업 표시줄의 오른쪽에 표시된 ▣(알림 센터) 아이콘을 클릭합니다.

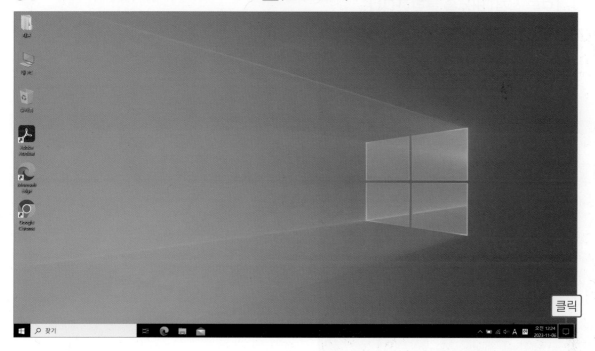

02 알림 센터가 열립니다.

'메일', '보안', '스케줄 알람' 등 각종 알림 메시지를 보여 줍니다.

환경 설정 버튼

잠깐

알림 센터는 메일이 도착하거나 휴대전화 문자가 왔을 때, 달력에 알림 설정을 해 놨을 때, 컴퓨터에 바이러스가 발견됐을 때 등 여러 가지 알림들을 알려 줍니다.

03 컴퓨터를 사용하는 데 수시로 알림 창이 뜨고 알림 소리가 나면 신경이 쓰일 수도 있습니다. 알림이 신경 쓰인다면 알림을 꺼 두는 것이 좋습니다. 모든 알림을 꺼 보도록 하겠습니다. [모든 설정] 버튼을 클릭합니다.

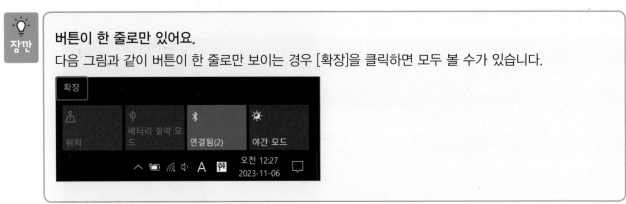

버튼이 한 줄로만 있어요.
다음 그림과 같이 버튼이 한 줄로만 보이는 경우 [확장]을 클릭하면 모두 볼 수가 있습니다.

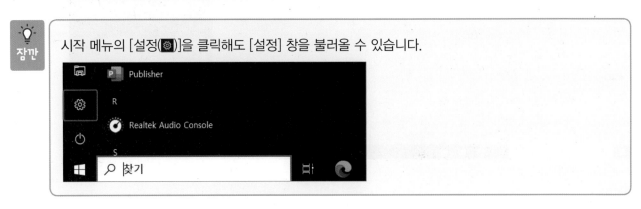

시작 메뉴의 [설정(⚙)]을 클릭해도 [설정] 창을 불러올 수 있습니다.

04 [설정] 창의 [Windows 설정] 화면이 나타나면 **[시스템]**을 클릭합니다.

05 왼쪽 목록에서 **[알림 및 작업]**을 선택합니다. 오른쪽 화면이 바뀌면 [알림]의 **[앱 및 다른 보낸 사람의 알림 받기]**에서 '켬'으로 설정된 부분(●)의 슬라이더를 밀거나 클릭합니다.

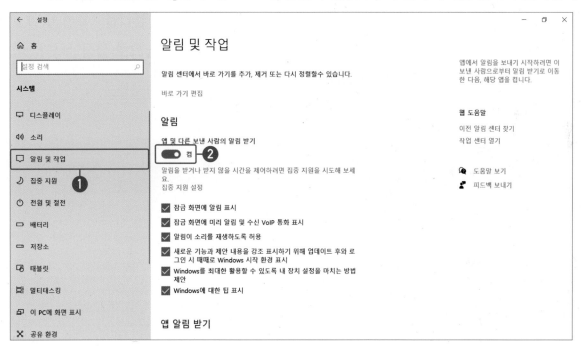

06 [앱 및 다른 보낸 사람의 알림 받기]가 '끔'으로 바뀝니다. 이제 알림이 와도 화면에 표시
되지 않습니다. **다시 슬라이더를 밀거나 '끔'을 클릭하여 '켬'으로 바꿉니다.**

07 알림의 on/off 설정을 앱별로 할 수도 있습니다. 화면을 조금만 아래로 내리면 [앱 알림
받기]에 설치되어 있는 앱 목록이 표시됩니다. 모든 알림이 켜져 있습니다. 알림을 받고
싶지 않은 앱은 꺼 두면 됩니다. 여기서는 [메일]의 ◖◗을 클릭해 '끔'으로 설정합니다. 이
제 '메일'과 관련해서는 알림을 표시하지 않습니다.

08 알림을 좀 더 세부적으로 설정할 수도 있습니다. [메일]의 알림을 '켬'으로 바꾸고 아이콘 부분을 클릭합니다.

09 세부 설정 항목이 나타나면 **원하는 항목을 체크 또는 체크 해제**한 후 왼쪽 상단의 ←(뒤로)를 클릭합니다.

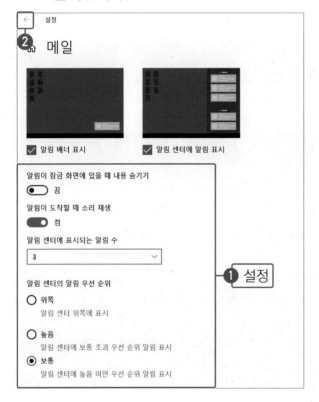

- **알림 배너 표시** : 윈도우 오른쪽 하단에 팝업으로 알림을 알립니다.
- **알림 센터에 알림 표시** : 말 그대로 알림이 오면 알림 센터에 목록으로 표시됩니다.
- **알림이 잠금 화면에 있을 때 내용 숨기기** : 윈도우 로그인 화면에서는 사생활과 개인정보 보호를 위해 알림을 숨깁니다.
- **알림이 도착할 때 소리 재생** : 알림이 오면 벨소리를 냅니다.
- **알림 센터에 표시되는 알림 수** : 알림 센터에 알림 목록을 몇 개까지 보여 줄 것인지를 설정합니다. 예를 들어 알림 수가 3개로 선택되어 있는 경우, 알림 센터에 이미 3개의 알림 목록이 있을 때 알림이 하나 더 오면 가장 오래된 알림을 지우고 가장 최신의 목록 3개를 유지합니다.
- **알림 센터에 알림 우선 순위** : 중요한 알림일수록 위쪽으로 선택합니다.

10 알림 센터의 환경 설정 버튼을 삭제 또는 추가할 수 있습니다. [바로 가기 편집]을 클릭합니다.

11 알림 센터가 표시됩니다. 'VPN' 알림 버튼을 삭제해 보겠습니다. 'VPN' 알림의 동그란 핀 모양 아이콘(📌)을 클릭한 후 [완료]를 클릭합니다. 'VPN' 알림이 삭제된 것을 확인할 수 있습니다.

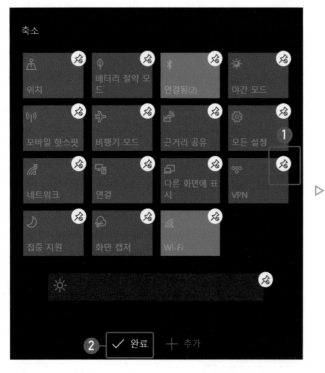 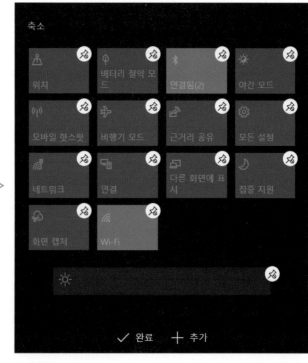

 아래의 [추가]를 클릭하거나 마우스 오른쪽 버튼을 클릭한 후 [편집]을 선택해 언제든지 다시 추가할 수 있습니다.

▶ 화면 분할하기

컴퓨터를 사용하다 보면 두세 개의 프로그램을 실행하고 창을 이동하면서 작업할 때가 있습니다. 종종 창 하나가 다른 창 위에 얹어져 있어 다른 창이 보이지 않을 때가 있습니다. 이럴 때 '모니터가 두 개면 참 편할 텐데'라는 생각을 하게 됩니다. 모니터 두 대 만큼은 아니지만 비슷한 효과를 낼 수 있는 기능을 알아봅니다.

01 '날씨'와 'Microsoft Edge', '일정' 앱을 실행해 다음과 같이 배치합니다. [일정] 창의 제목 표시줄을 클릭한 채 화면 오른쪽(또는 왼쪽) 끝까지 드래그합니다.

02 화면이 투명하게 오른쪽 반을 차지하는 것이 보이면 **마우스에서 손을 뗍니다.**

03 나머지 두 프로그램이 선택을 기다리고 있습니다. 'Microsoft Edge'를 클릭합니다.

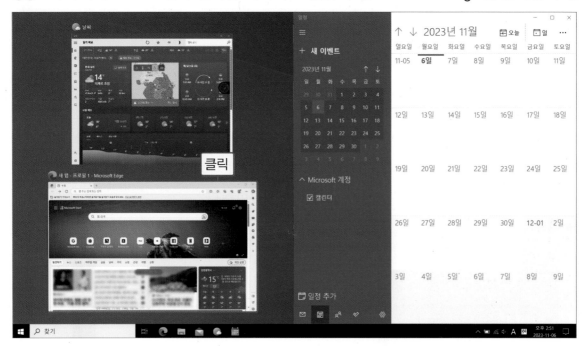

04 화면이 양쪽으로 분할되어 표시되는 것을 확인할 수 있습니다.

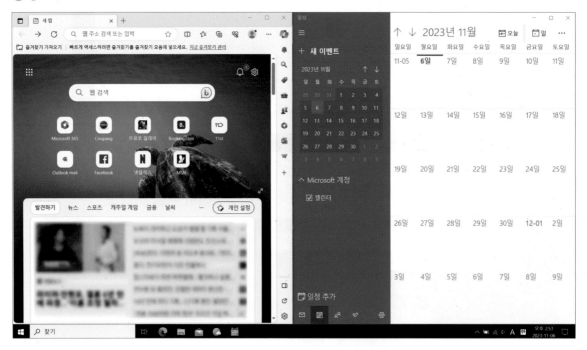

01 시작 메뉴에 '음악' 항목을 표시하고, 표시되어 있는 '문서' 항목은 숨겨 봅니다.

02 [그림판 3D]를 시작 화면에 타일로 추가해 봅니다.

 [시작] 버튼 클릭 → 모든 앱에서 [그림판 3D]를 마우스 오른쪽 버튼으로 클릭 → [시작 화면에 고정] 선택

03 알림 센터에서 삭제했던 'VPN'을 다시 표시하고 '다른 화면에 표시'와 '연결'을 삭제한 후 위치를 조절해 봅니다.

04 임의의 프로그램 네 개를 실행한 후 다음과 같이 4등분으로 배치해 봅니다.

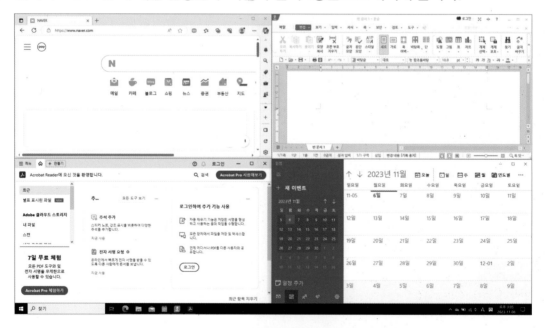

 화면의 4분의 1을 차지하게 하려면 화면의 모서리 부분으로 드래그해야 합니다.

02 집중도를 높이는 정리정돈

- 파일 탐색기
- 폴더 만들기
- 복사와 이동
- 압축과 해제

- 파일 삭제
- 휴지통 비우기
- 즐겨찾기
- 라이브러리

미/리/보/기

📁 준비물 : USB 메모리

📁 준비파일 : [예제음악] 폴더

컴퓨터 작업은 한마디로 파일을 다루는 것입니다. 이 파일들이 어떤 형태로 있느냐에 따라서 문서 파일, 음악 파일, 동영상 파일, 응용 소프트웨어 설치 파일 등으로 구분합니다.

이번 장에서는 윈도우가 파일들을 어떻게 다루고 활용하는지에 대해서 배워보겠습니다.

파일과 폴더 관리

▶ 파일 탐색기

책상을 정리하는 상상을 해 봅니다. 문구류는 오른쪽 문구함에 잘 모아 놓고, 왼쪽 서류함에는 날짜별, 이름별로 구분해서 넣어 둡니다. 지금 당장 보는 책들은 책상 바로 위에 두고, CD 케이스에 음악 CD들도 모아 두어 필요한 것들은 바로 찾을 수 있게 합니다. 당장 필요하지 않은 것들이 있으면 장기 보관함에 두고, 불필요한 것들은 휴지통에 넣어 정리합니다.

우리가 운영체제에서 파일을 다루는 일은 책상을 정리하는 것과 비슷합니다. 이와 관련된 것이 운영체제의 다양한 서비스 중 하나인 '파일 탐색기'입니다. 파일 탐색기는 사용자가 직접 다룰 수 있으며, 필요와 취향에 따라 구분지어 놓을 수 있습니다. 파일 탐색기는 책상을 한눈에 내려다 볼 수 있는 것처럼 직관적인 인터페이스를 가지고 있어 마우스만으로도 만들고 옮기고 지우고 정돈할 수 있습니다.

▶ 파일과 폴더

'파일'은 컴퓨터에서 특정한 형태를 갖추어 일을 수행하는 데이터 단위입니다. 예를 들어 문서를 작성하고 저장하면 문서 타입의 데이터가 생성되는데, 이것이 문서 파일입니다. 음악을 틀어 주면 음악 파일, 동영상을 보여 주면 동영상 파일, 그 밖에도 엑셀 파일, 파워포인트 파일, 그래픽 파일 등 다양한 형태의 파일들이 존재합니다. 이 파일들을 원하는 목적에 따라 분류하고 정리할 수 있는 서류철 역할을 하는 것이 '폴더'입니다. 폴더는 사용자 마음대로 생성과 삭제를 할 수 있고, 폴더 안에 다시 폴더를 만들 수도 있습니다.

▲ 파일　　　　　▲ 폴더(서류철)

▶ 파일 압축

'압축'이란 말 그대로 부피를 줄이는 것을 뜻합니다. 컴퓨터에서의 부피란 바로 '용량'을 뜻하고, 컴퓨터에서의 압축은 데이터의 용량을 줄이고 파일의 수를 줄이는 것을 뜻합니다. 윈도우 10은 파일 압축과 해제 기능을 파일 탐색기에 내재하고 있습니다.

▶ 파일 탐색기 살펴보기

작업 표시줄의 🗂(파일 탐색기)를 클릭하거나 [시작(⊞)]-[Windows 시스템]-[파일 탐색기]를 선택하면 다음과 같은 창이 나타납니다.

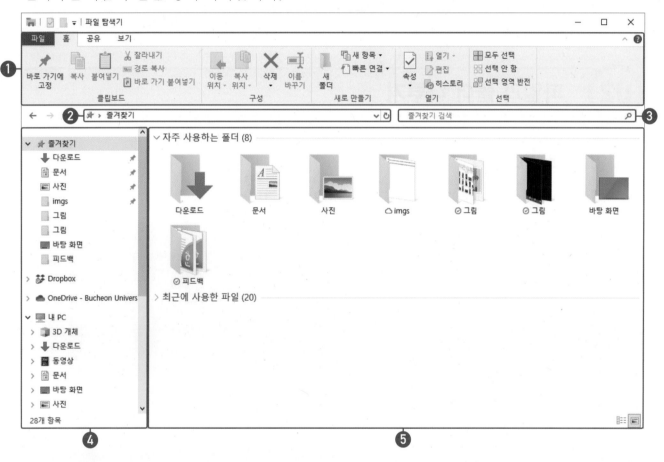

❶ 리본 메뉴 : 파일 탐색기에서 사용할 수 있는 기능들을 모아 놓은 곳입니다.

❷ 주소 표시줄 : 현재 내가 있는 곳, 내가 사용하거나 저장할 파일이 있는 위치를 나타냅니다.

❸ 검색 : 찾고자 하는 파일을 검색할 때 사용하는 곳입니다.

❹ 탐색 창 : 내 컴퓨터에 있는 모든 폴더들을 트리 구조로 보여 줍니다.

❺ 파일 영역 : 탐색 창에서 선택한 폴더의 내용(하위 폴더, 파일)을 보여 줍니다.

사용자 컴퓨터의 윈도우 업데이트 버전에 따라 일부 명칭이 교재와 다를 수 있습니다.
예 즐겨찾기 = 바로 가기

▶ '즐겨찾기'와 '라이브러리'

파일 탐색기의 '즐겨찾기'는 인터넷의 '즐겨찾기'와 같다고 할 수 있습니다. 자주 가는 웹사이트를 즐겨찾기에 등록해 두면 일일이 주소를 입력하지 않아도 한 번에 이동할 수 있는 것처럼 내가 자주 가는 폴더를 등록해 두면 한 번에 이동할 수 있습니다.

'즐겨찾기'가 내가 만들어 둔 폴더의 위치로 한 번에 이동시켜 주는 기능이라면 '라이브러리'는 내가 설정한 특정한 목적을 가지고 있는 폴더에 링크를 걸어 둔 것이라 할 수 있습니다. 예를 들어 [가요] 폴더에도 음악이 있을 수 있고, [우리 아이 교육] 폴더에도 음악이 있을 수 있고, [파워포인트 프로젝트] 폴더에도 음악이 있을 수 있습니다. 이처럼 여기저기 흩어진 음악들을 '음악'이라는 라이브러리에 추가해 놓으면 '음악' 라이브러리 안에서 등록된 음악들이 한 번에 보이고, 관리할 수 있습니다.

---

02 파일과 폴더 다루기

▶ 파일 탐색기 다루기

01 컴퓨터를 켠 후 **작업 표시줄에서** (파일 탐색기)를 클릭합니다.

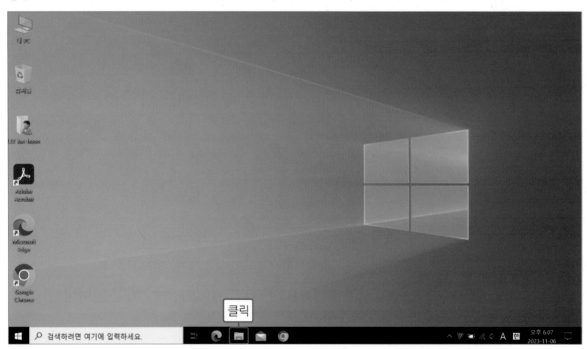

 작업 표시줄에 (파일 탐색기) 아이콘이 보이지 않으면 [시작(⊞)]−[Windows 시스템]−[파일 탐색기]를 선택합니다.

02 다음과 같이 '파일 탐색기' 앱이 실행됩니다. 기본적으로 파일 탐색기의 왼쪽 탐색 창에 [즐겨찾기]가 선택되어 있습니다.

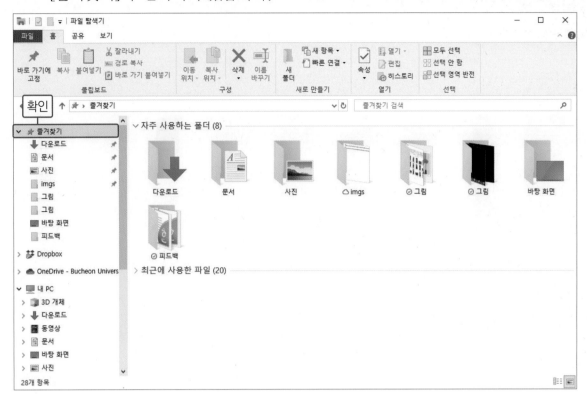

 리본 메뉴가 고정되지 않아요.

리본 메뉴는 윈도우의 설정에 따라 계속 보이기도 하고, 메뉴 탭을 클릭할 때만 나타나기도 합니다. 리본 메뉴를 고정시키고 싶다면 리본 메뉴 오른쪽 끝의 ☑(리본 확장)을 클릭합니다.

 컴퓨터에 주소가 있어요?

컴퓨터를 사용하다 보면 '주소'라는 말을 종종 듣게 됩니다. 이때의 주소는 내가 사용할 파일이 위치하고 있는 장소를 뜻하며, 다른 말로 '경로'라고도 합니다. 문서를 쓰다가 저장할 때 또는 인터넷에서 음악 파일을 다운로드할 때 해당 파일을 어디다 정리해 둘지 결정하여 보관하는 장소를 의미합니다.

03 리본 메뉴의 [보기] 탭-[창] 그룹-[탐색 창]을 클릭한 후 [라이브러리 표시]를 클릭합니다.

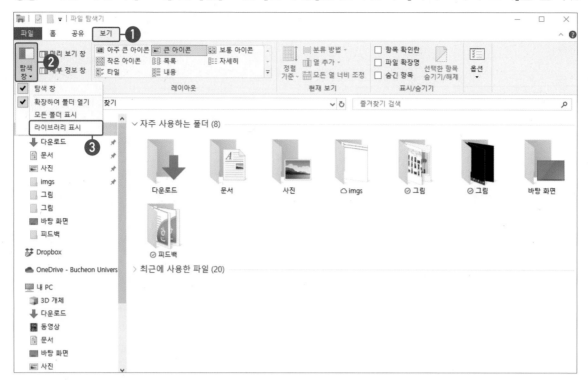

잠깐 **탐색 창 표시/숨기기**
[보기] 탭-[창] 그룹-[탐색 창]에서 [탐색 창]을 선택하여 체크를 해제하면 파일 탐색기에서 탐색 창이 숨겨집니다. 같은 방법으로 다시 선택하여 체크하면 탐색 창이 표시됩니다.

04 탐색 창에 '라이브러리' 항목이 표시된 것을 확인합니다.

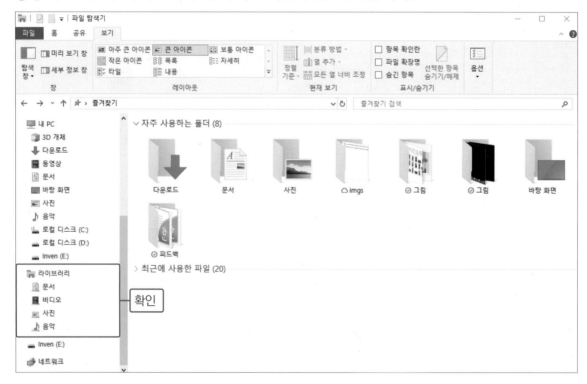

05 [보기] 탭-[레이아웃] 그룹에서는 파일 영역에 보이는 폴더 및 파일의 보기 방식을 설정합니다. **[자세히]를 클릭**합니다. 폴더와 아이콘이 재정렬되면서 오른쪽으로 관련된 정보가 표시됩니다. **[문서] 폴더를 더블 클릭**합니다.

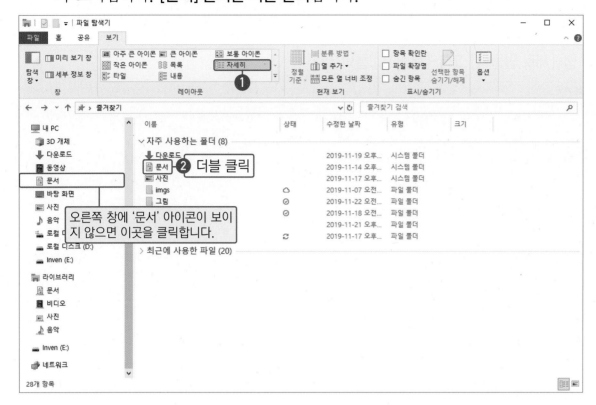

06 선택한 폴더로 이동되며, 폴더 안에 있는 파일 목록이 파일 영역에 나타납니다. 주소 표시줄에 선택한 폴더의 경로가 표시됩니다. 주소 표시줄 옆에 있는 ←**(뒤로)를 클릭**해 원래의 위치로 돌아갑니다.

⌐⌐ **↑ 위를 가리키는 화살표는 뭔가요?**

←는 출발한 곳으로 돌아가는 것이고, ↑는 출발한 곳과 상관없이 지금 있는 폴더의 상위 폴더로 이동하는 것을 뜻합니다.

▶ 폴더 만들기

관련된 파일들을 정리하고 분류하기 위해서는 폴더를 만들어야 합니다.

01 폴더를 만들 위치로 이동하기 위해 탐색 창의 [내 PC]에서 [바탕 화면]을 클릭합니다. [홈] 탭-[새로 만들기] 그룹-[새 폴더] 클릭합니다.

잠깐

내 PC의 목록이 보이지 않아요.
목록이 보이지 않고, 내 PC 옆에 >로 표시되어 있다면 클릭해서 확장합니다.

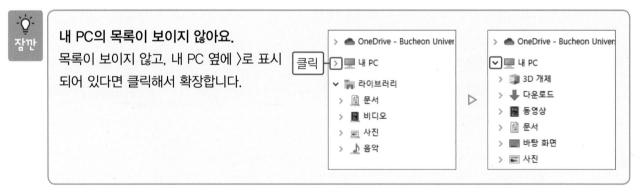

02 새 폴더가 생성되면 **폴더의 이름을 '음악'으로 입력**합니다.

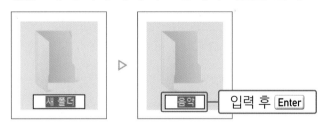

03 새 폴더의 이름이 변경된 것을 확인한 후 오른쪽 상단의 ⊠(닫기) 버튼을 클릭해 창을 닫습니다.

04 윈도우의 바탕 화면을 보면 [음악] 폴더가 만들어진 것을 확인할 수 있습니다.

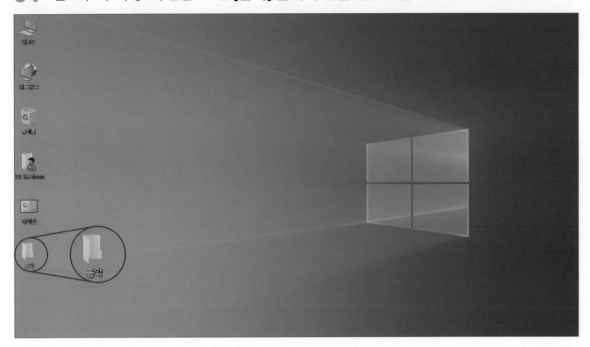

05 이번에는 바탕 화면에서 마우스만을 이용해 폴더를 만들어 보겠습니다. **바탕 화면의 빈 곳에서 마우스 오른쪽 버튼을 클릭합니다.** 바로 가기 메뉴가 나타나면 [새로 만들기]−[폴더]를 클릭합니다.

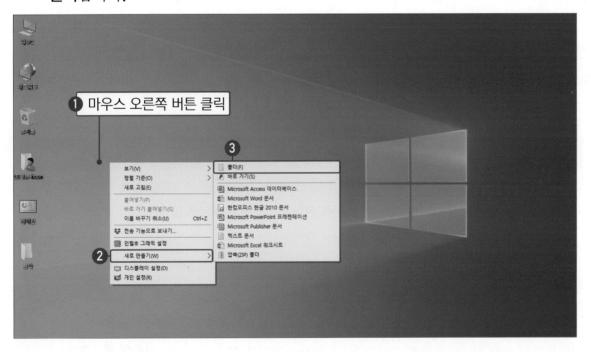

06 새 폴더가 생성되면 **폴더의 이름을 '여행'으로 입력**합니다.

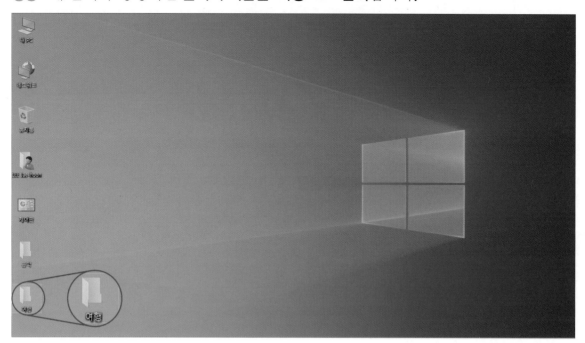

▶ 복사 및 이동하기

만들어진 폴더와 파일은 필요에 따라 복사, 이동할 수 있습니다. 임의의 파일을 활용하여 복사와 이동하는 방법을 살펴보겠습니다.

01 작업 표시줄의 🖿(파일 탐색기)를 클릭해 [파일 탐색기] 창을 열고, **복사할 파일이 있는 폴더(여기서는 [예제음악] 폴더)로 이동**합니다. 여기서는 윈도우가 설치된 드라이브(C:)와 다른 드라이브(D:)에 있는 자료를 가지고 진행합니다.

 실습을 위해 'www.edusd.co.kr'의 자료실에서 교재에 사용한 파일이 들어 있는 폴더를 제공하고 있습니다. 준비파일은 '예제파일 다운로드'(p.5)를 참조하여 컴퓨터에 저장한 후 '파일 압축 풀기'(p.45)를 참조하여 압축을 해제해 활용합니다. 개인용 USB에 자료를 보관하고 실습해 봅니다.

 드라이브
컴퓨터에서 '드라이브'는 저장 장치의 물리적 단위입니다. 저장 장치를 하나 더 추가하면 드라이브가 하나 추가된다고 생각하면 됩니다. '파티션'이라 해서 하나의 물리적 장치를 두 개 이상의 장치로 인식시킬 수도 있습니다. 각 장치마다 A부터 Z까지 알파벳을 부여합니다. 저장 장치로는 하드 디스크, USB 메모리, DVD-ROM 등 다양한 제품이 있습니다.

02 바탕 화면으로 복사 또는 이동할 예정이므로 다음과 같이 **바탕 화면이 보이도록 창의 크기와 위치를 조정**합니다.

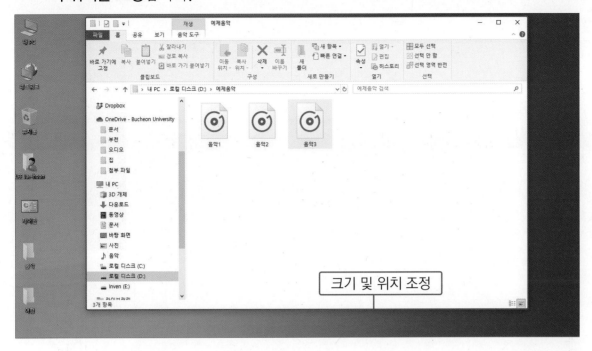

크기 및 위치 조정

03 임의의 폴더에 들어 있는 **파일(여기서는 '음악1' 파일)을 클릭한 채 바탕 화면의 [음악] 폴더로 드래그**합니다. 그림과 같이 폴더 위에 파일 이미지가 올라가면 누르고 있던 마우스 버튼에서 손을 뗍니다.

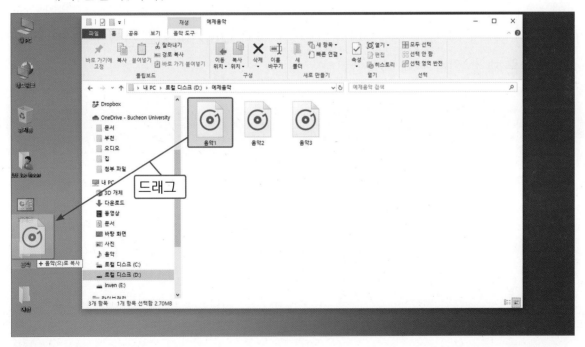

드래그

같은 드라이브에 있는 자료로 실습하고 있다면 Ctrl 키를 누른 채 드래그해야 같은 결과를 얻을 수 있습니다.

04 빈 폴더였던 [음악] 폴더의 아이콘이 바뀌면서 폴더 안에 파일이 있음을 알 수 있습니다. 선택했던 파일(여기서는 [예제음악] 폴더의 '음악1' 파일)도 그대로 존재하는 것을 확인할 수 있습니다.

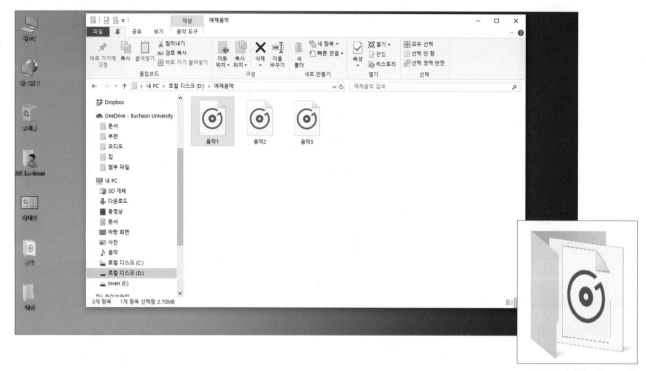

▲ 변경된 '음악' 폴더의 모습

05 이번에는 다른 방법으로 나머지 파일들(여기서는 [예제음악] 폴더의 '음악2', '음악3' 파일)을 [음악] 폴더로 복사해 보겠습니다. 다음과 같이 **나머지 파일을 선택**한 후 **키보드의** Ctrl **키를 누른 채** C **키를 눌러 복사합니다.**

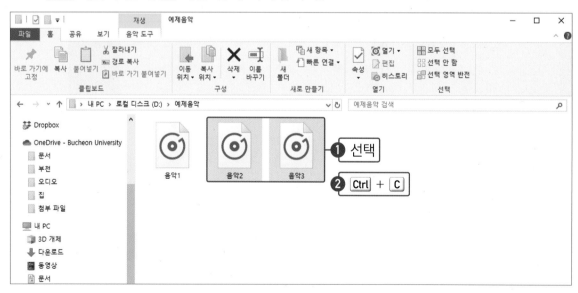

06 오른쪽 상단의 ×(닫기) 버튼을 클릭해 창을 닫습니다.

두 개 이상의 파일 또는 폴더 선택 방법

• 방법 1 : 파일을 드래그하여 선택합니다.

• 방법 2 : 키보드의 Ctrl 키를 누른 채 파일을 하나씩 클릭
하여 선택합니다.

07 바탕 화면의 [음악] 폴더를 더블 클릭합니다.

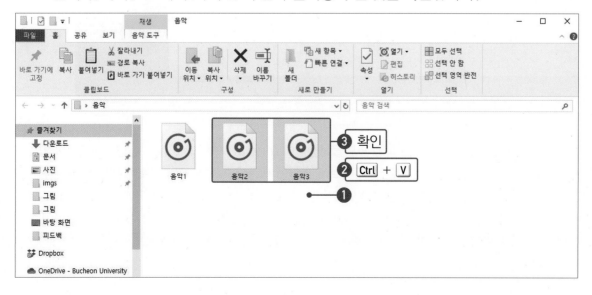

08 [음악] 폴더 창이 나타나면 오른쪽의 **빈 영역을 클릭**한 후 키보드의 Ctrl 키를 누른 채 V 키
를 누릅니다. **05**에서 복사한 파일이 **붙여넣기 된 것을 확인**합니다.

09 이번에는 바탕 화면의 [음악] 폴더에 있는 파일(여기서는 '음악3' 파일)을 바탕 화면으로 드래그합니다.

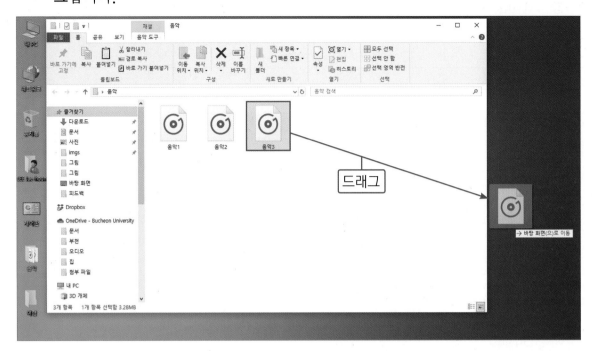

10 선택한 파일(여기서는 '음악3' 파일)이 [음악] 폴더에서는 사라지고, **바탕 화면으로 이동한** 것을 확인할 수 있습니다.

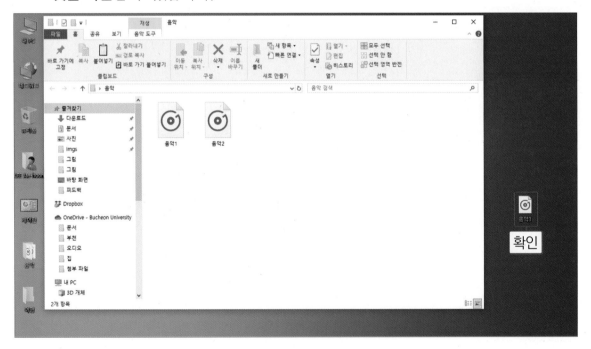

잠깐

05~08에서는 복사가 돼서 새로운 파일이 만들어졌는데 09~10에서는 왜 이동만 한 것일까요? 파일이 저장된 곳과 타깃이 되는 위치가 같은 드라이브에 있다면 이동되고, 다른 드라이브에 있다면 복사가 됩니다. [음악] 폴더가 있는 위치와 바탕 화면의 위치는 'C:로컬 디스크'라는 동일한 곳에 위치합니다. 반면 교재 실습 상 사용된 [예제음악] 폴더는 'C:로컬 디스크'가 아닌 다른 드라이브(여기서는 'D:' 드라이브, 사용자 컴퓨터에 따라 E:, F:...가 될 수 있음)에 위치하고 있어 복사가 된 것입니다.

11 바탕 화면으로 이동된 파일(여기서는 '음악3' 파일)을 클릭하고 잘라내기 단축키 Ctrl + X를
누릅니다. [음악] 폴더로 돌아와 빈 영역을 클릭한 후 Ctrl + V 키를 눌러 붙여넣기 합니다.

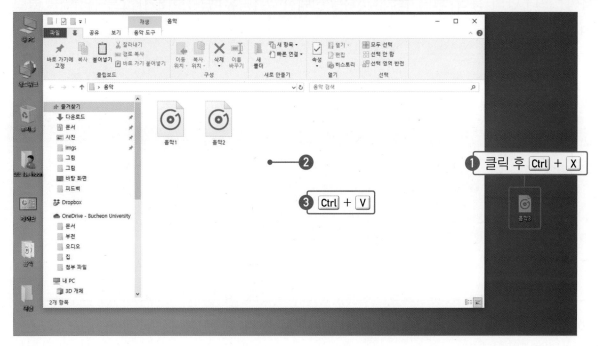

> **잠깐**
> **폴더 만들기**(p.36)에서 폴더를 만들 때와 같이 복사, 이동, 붙여넣기 기능 역시 마우스 오른쪽 버튼을 클
> 릭했을 때 나타나는 바로 가기 메뉴를 활용할 수 있습니다.

12 바탕 화면에 있던 파일이 [음악] 폴더로 이동한 것을 확인할 수 있습니다.

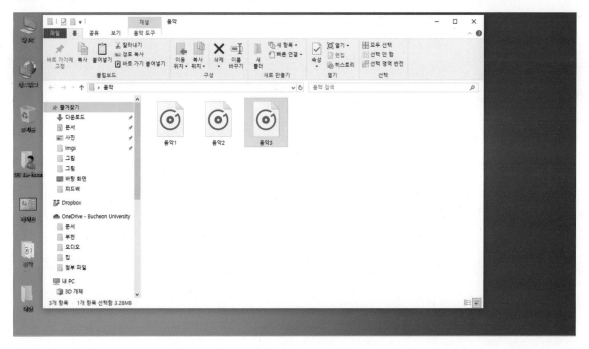

▶ 파일 압축하기

01 [음악] 폴더 안의 '음악1'부터 '음악3'까지를 선택한 후 [공유] 탭–[보내기] 그룹–[압축]을 클릭합니다.

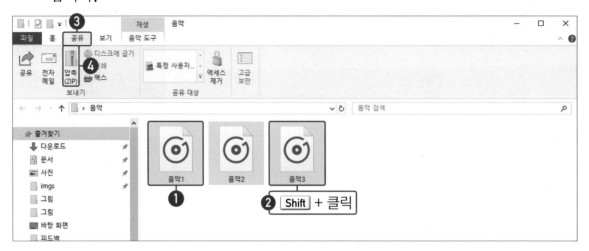

 여러 개의 파일 선택 시 떨어진 파일을 선택할 때는 Ctrl 키를 활용하고, 연속된 파일을 선택할 때는 Shift 키를 활용합니다.

02 '음악1'이라는 압축 파일이 만들어진 것을 확인할 수 있습니다. **압축된 파일을 더블 클릭**합니다.

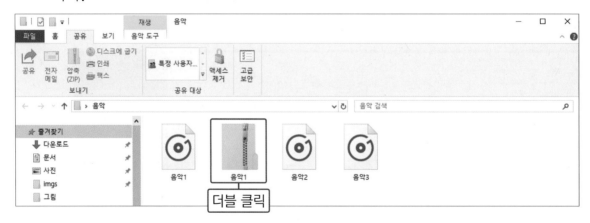

03 압축 파일 내에 음악 파일 세 개가 들어 있는 것을 확인할 수 있습니다.

▶ 파일 압축 풀기

01 압축 파일을 선택하면 '압축 폴더 도구'라는 새로운 메뉴 탭이 나타납니다. [압축 풀기]-[압축 폴더 도구] 탭-[압축 풀기] 그룹-[압축 풀기]를 클릭합니다.

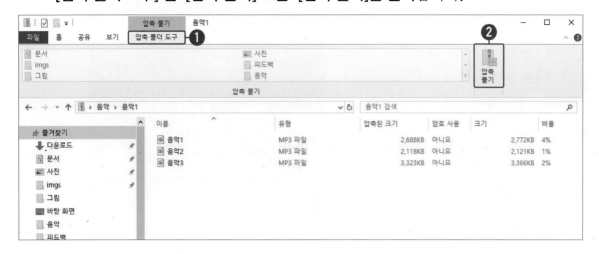

02 [압축 폴더 풀기] 대화상자가 나타나면 압축을 풀 위치를 지정하기 위해 [찾아보기] 버튼을 클릭합니다.

03 [대상을 선택하십시오] 대화상자가 나타나면 탐색 창에서 [바탕 화면]을 클릭하여 위치를 지정한 후 [새 폴더]를 클릭해 새 폴더를 생성합니다. 새 폴더의 이름을 '임시'로 입력하고 [폴더 선택] 버튼을 클릭합니다.

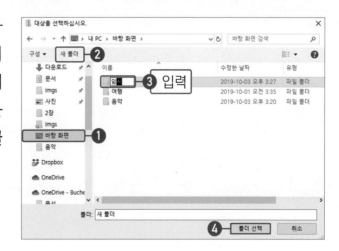

04 [압축 폴더 풀기] 대화상자로 되돌아오면 **변경된 경로를 확인**한 후 [압축 풀기] 버튼을 클릭합니다. 바탕 화면에 [임시] 폴더가 만들어지고 음악 파일 세 개가 들어 있는 것을 확인합니다.

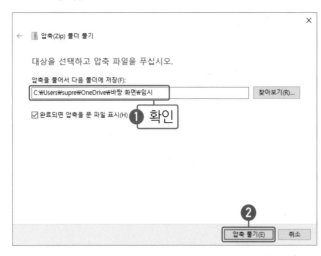

▶ 파일 완전히 삭제하기

휴지통에 들어간 파일은 완전히 삭제된 것이 아니라 임시로 보관하고 있을 뿐입니다. 그래서 잘못 지운 파일은 복원도 가능합니다. 물론 완전한 삭제도 가능합니다.

01 앞에서 만든 [임시] 폴더를 바탕 화면의 (휴지통) 아이콘 위로 드래그합니다. 바탕 화면에 있던 [임시] 폴더가 삭제됐습니다. (휴지통) 아이콘을 더블 클릭합니다.

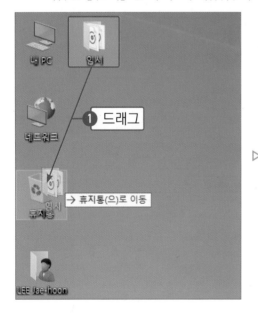
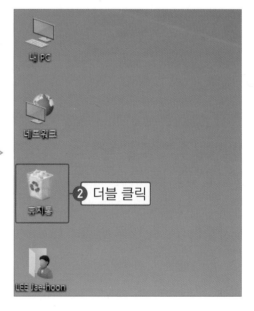

02 [휴지통] 창에 삭제한 [임시] 폴더가 보입니다. [임시] 폴더를 마우스 오른쪽 버튼으로 클릭한 후 [삭제]를 선택합니다.

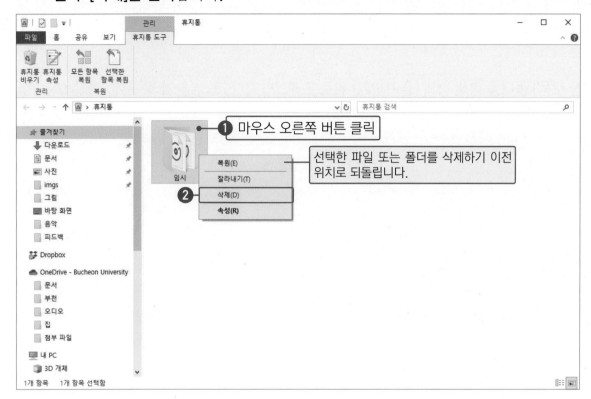

03 휴지통에서 보관하고 있던 파일이 사라졌습니다. 휴지통에서 삭제한 파일이나 폴더는 복원할 수 없습니다. 이제 오른쪽 상단의 ☒(닫기) 버튼을 클릭해 창을 닫습니다.

 휴지통을 사용하지 않고도 파일을 완전히 삭제할 수 있습니다. 파일을 선택한 후 단축키 Shift + Delete 키를 누르면 휴지통으로 가지 않고 한 번에 완전히 삭제됩니다.

▶ 즐겨찾기에 등록하기

01 바탕 화면에 있는 [여행] 폴더를 더블 클릭합니다. [여행] 폴더 창이 나타나면 안에 **[사진 모음]**과 **[동영상 모음]** 폴더를 만듭니다.

02 **[사진 모음]** 폴더를 탐색 창의 **[즐겨찾기]** 위로 드래그합니다. 즐겨찾기 목록에 '사진 모음' 항목이 나타납니다.

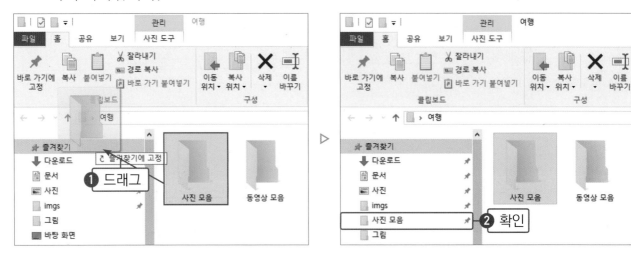

03 [여행] 폴더 창을 닫고, 바탕 화면의 [음악] 폴더를 더블 클릭해서 엽니다.

04 [음악] 폴더 창이 나타나면 왼쪽 탐색 창의 **[즐겨찾기]**에서 **[사진 모음]**을 클릭합니다.

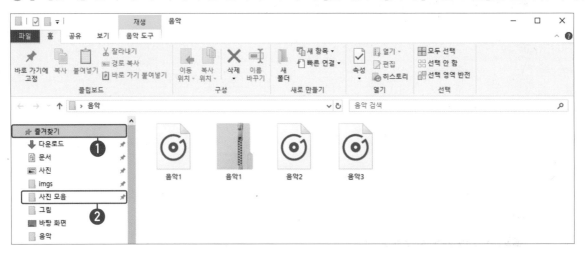

05 [여행] 폴더를 거치지 않고 바로 이동할 수 있습니다. 즐겨찾기에 목록이 없었다면 '바탕 화면 → 여행 → 사진 모음' 순으로 클릭해야 하지만, 클릭 수가 한 번으로 줄어든 것을 확인할 수 있습니다. 폴더 창을 닫습니다.

▶ 라이브러리에 등록하기

01 바탕 화면의 [음악] 폴더를 마우스 오른쪽 버튼으로 클릭한 후 [라이브러리에 포함]-[음악]을 선택합니다.

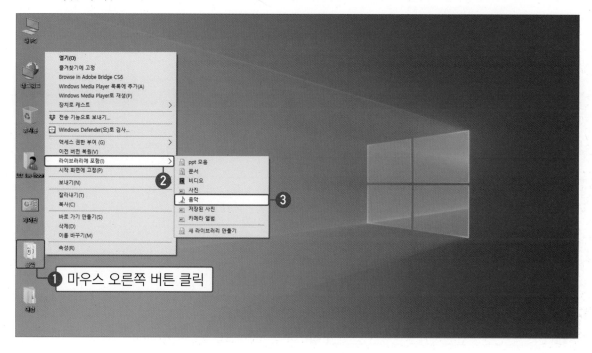

02 작업 표시줄의 🔲(**파일 탐색기**)를 클릭해 [파일 탐색기] 창을 열고, 탐색 창의 [라이브러리]에서 [**음악**]을 클릭합니다. **01**에서 링크시킨 [음악] 폴더의 음악 파일들이 보입니다. 이렇게 다른 위치의 음악 파일을 [음악] 폴더로 링크해 두면 한 곳에서 편하게 볼 수 있습니다.

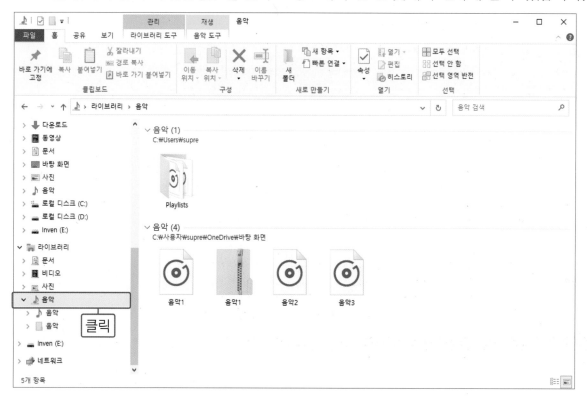

03 기본으로 제공되는 라이브러리 항목 외에도 원하는 항목을 추가로 만들 수 있습니다. 탐색 창의 [라이브러리]를 마우스 오른쪽 버튼으로 클릭한 후 [새로 만들기]-[라이브러리]를 선택합니다.

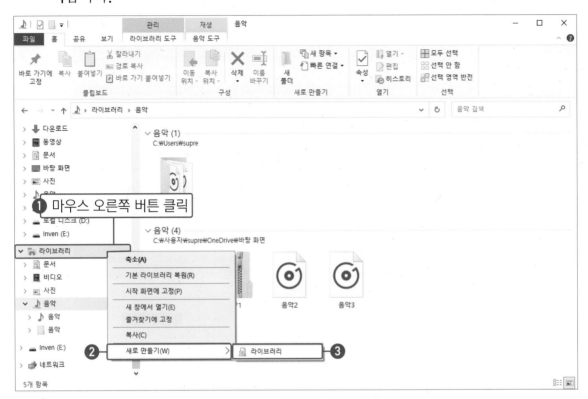

04 라이브러리에 새 항목이 추가됩니다. 이름을 'ppt 모음'으로 변경합니다.

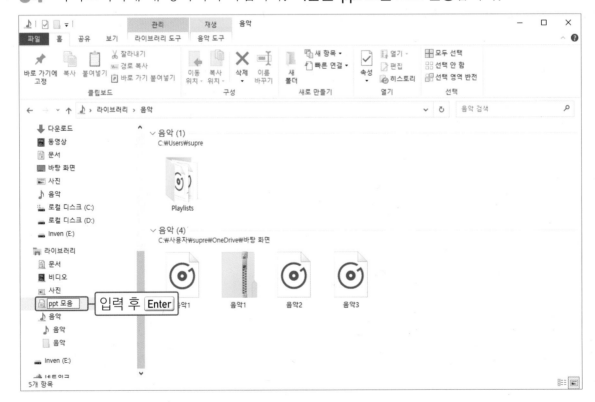

05 탐색 창에서 [라이브러리]를 클릭하면 'ppt 모음'이라는 새 라이브러리가 생긴 것을 확인할 수 있습니다. 여기저기 흩어져 있는 ppt 자료들을 여기로 링크시키면 한 곳에서 관리할 수 있게 됩니다.

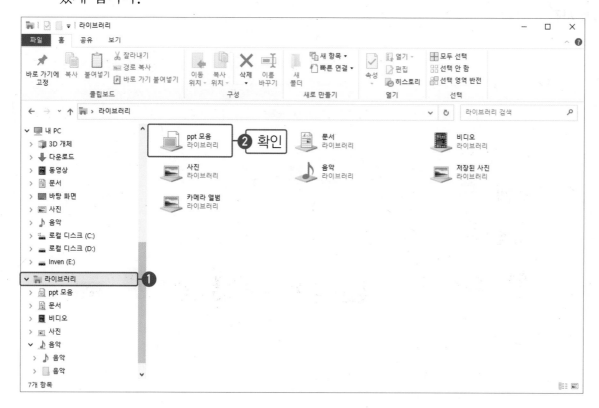

06 라이브러리에 추가한 폴더를 제거하고 싶을 때는 **상위 항목을 마우스 오른쪽 버튼으로 클릭**한 후 **[속성]을 선택**합니다. [속성] 대화상자에서 **삭제하고 싶은 폴더를 선택**한 후 **[제거]** 버튼을 클릭하고 **[확인]** 버튼을 클릭합니다.

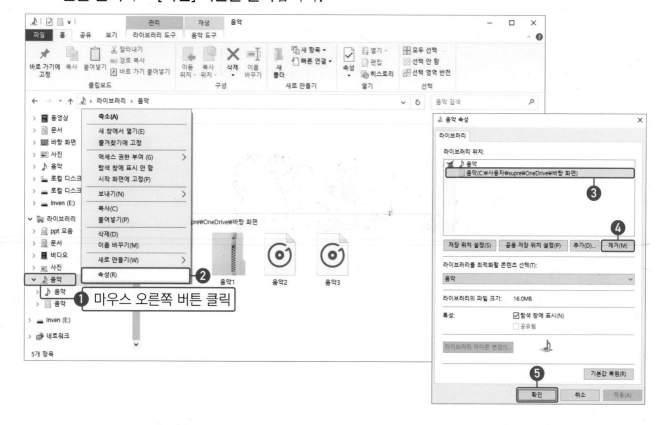

01 여행 사진을 바탕 화면의 [여행] 폴더 내 [사진 모음] 폴더로 복사해 정리해 봅니다. 동영상 파일들은 [동영상 모음] 폴더로 복사해 봅니다.

준비파일 [예제사진] 폴더, [예제동영상] 폴더

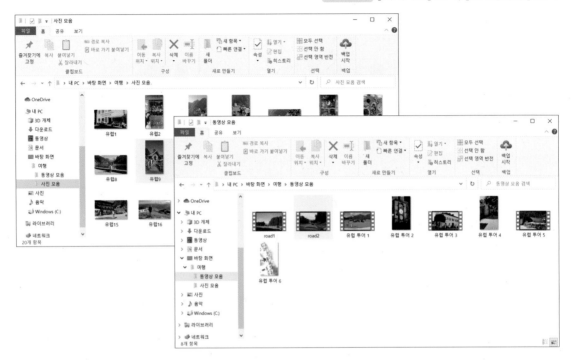

02 문제 **01**에서 작업한 [사진 모음] 폴더의 사진들을 다음과 같은 작은 아이콘으로 표시하고, 사진을 클릭하여 오른쪽의 미리 보기 창으로 확인해 봅니다.

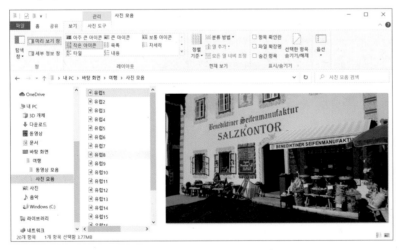

- 작은 아이콘 보기 : [보기] 탭–[레이아웃] 그룹–[작은 아이콘] 클릭
- 미리 보기 창 표시 : [보기] 탭–[창] 그룹–[미리 보기 창] 클릭

03 문제 **01**에서 작업한 [사진 모음]과 [동영상 모음] 폴더를 각각 라이브러리 안의 '사진'과 '비디오'에 추가해 봅니다.

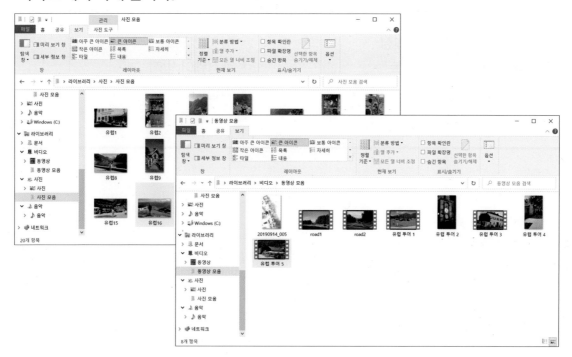

04 바탕 화면에 만든 [음악] 폴더와 [여행] 폴더를 삭제하고 휴지통 비우기를 실행해 봅니다.

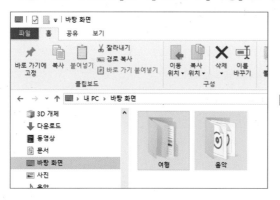 

 바탕 화면의 휴지통 아이콘을 마우스 오른쪽 버튼으로 클릭한 후 [휴지통 비우기]를 선택해도 됩니다.

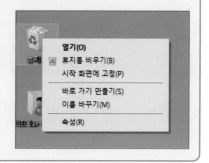

03 내 컴퓨터가 위험해

- 윈도우 10 보안 설정
- Windows 업데이트
- 최신 상태 유지
- 바이러스 검사

- 실시간 보호
- 랜섬웨어 방지
- 백업

미/리/보/기

📁 준비물 : USB 메모리

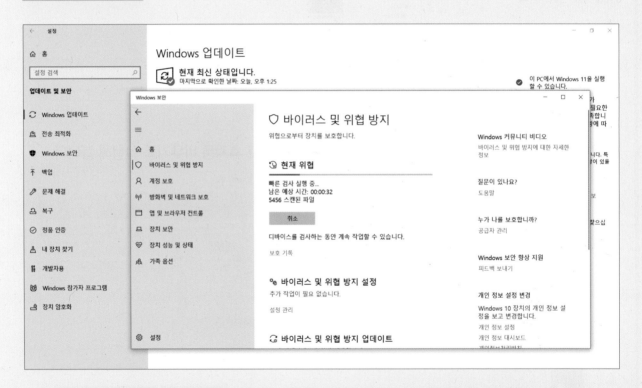

컴퓨터는 항상 위험에 노출되어 있습니다. 하지만, 든든하게도 윈도우 10에는 사용자를 도와 스스로를 점검하고 예방할 수 있는 도구들이 내장되어 있습니다. 이번 장에서는 내 컴퓨터를 안전하게 지키는 방법을 알아보겠습니다.

▶ 컴퓨터가 아픈 이유

많은 사람들이 '인터넷을 하려고 컴퓨터를 산다'고 할 정도로 요즘은 인터넷이 안 되는 컴퓨터를 찾아 보기 어렵습니다. '인터넷'은 전 세계 컴퓨터를 연결하고 있습니다. 사람들도 외부와 잦은 접촉을 하다 보면 감기 같은 질환을 앓게 되는 경우가 많듯이 인터넷을 사용(사이트 방문, 메일 확인 등)하다 보면 컴퓨터도 바이러스에 걸리기 쉽습니다. 가볍게는 인터넷 속도만 느려지지만, 심할 경우는 컴퓨터의 데이터를 통째로 삭제한다거나 나도 모르게 해커의 해킹 도구로 내 컴퓨터가 쓰일 수도 있습니다.

컴퓨터는 바이러스에 의해서만 위험해지는 것은 아닙니다. 모든 공산품들이 약간씩의 결함이나 하자가 있듯이 컴퓨터 소프트웨어들도 결함이 있을 수 있습니다. 시스템 자원을 비정상적으로 차지한다거나 외부에서 쉽게 침투할 수 있는 보안상 중대한 결함이 있을 수도 있으며, 특정 소프트웨어가 실행되지 않을 수도 있습니다.

다행히 소프트웨어는 공장으로 들어가지 않아도 '업데이트'를 통해 집에서도 수정할 수 있습니다. 보고되는 결함들은 마이크로소프트(Microsoft)에서 모니터링 하고 있다가 수시로 업데이트 파일을 마련해 줍니다. 사용자들은 업데이트를 통하여 자신의 컴퓨터를 최신으로 수정할 수 있으며, 보고되는 신종 바이러스로부터 안전하게 지킬 수 있습니다.

▶ 컴퓨터 안전 지킴이, 백신

어떻게 해야 안전하게 컴퓨터를 사용할 수 있을까요? 우리 몸도 감기에 걸리지 않으려면 미리 미리 면역력을 길러 놓는다거나 예방접종을 하듯이 컴퓨터도 우선 예방을 하는 게 가장 좋습니다. '백신' 프로그램이라 불리는 안티 바이러스 소프트웨어를 설치하면 실시간으로 바이러스를 감시할 뿐 아니라 감염된 파일도 치료해 줍니다. 많은 백신 프로그램들은 대부분 유료이고, 소프트웨어의 덩치가 커 저사양의 컴퓨터에서는 자원을 많이 차지하기도 합니다.

윈도우 10에는 기본적으로 'Windows 보안'이라는 백신 프로그램을 제공하고 있으며, 전문가들 사이에서 평점도 높게 받고 있습니다. 일반 사용자는 이 정도만 사용해도 자신의 컴퓨터를 충분히 안전하게 지킬 수 있습니다.

❶ **바이러스 및 위협 방지** : 컴퓨터에 있을지 모를 바이러스와 해킹 도구를 검사하고 실시 간 감시합니다.

❷ **계정 보호** : 마이크로소프트 계정이 있다면 윈도우와 연동해 개인정보를 안전하게 지킬 수 있으며 윈도우 로그인 시 암호 외에 다양한 로그인 옵션을 제공합니다.

❸ **방화벽 및 네트워크 보호** : 안전한 네트워크를 하기 위한 네트워크 방화벽 설정 기능들 입니다.

❹ **앱 및 브라우저 컨트롤** : 윈도우에 설치된 앱들과 웹브라우저인 엣지(Edge)를 통제하고 설정합니다.

❺ **장치 보안** : 윈도우가 설치된 시스템의 장치 보안에 관련된 부분입니다. 노트북이나 완 제품 PC면 세 가지 항목이 활성화됩니다.

❻ **장치 성능 및 상태** : 윈도우가 설치된 장치를 모니터링 하면서 상태를 보고해 줍니다.

❼ **가족 옵션** : 가족들, 특히 어린 아이들이 컴퓨터를 안전하게 사용할 수 있도록 컴퓨터의 사용 시간 및 인터넷 제한 등을 설정합니다.

▶ 데이터 안전 보관함, 백업

아무리 완벽하게 컴퓨터를 세팅했다 하더라도 그건 혼자만의 생각일 뿐입니다. 컴퓨터 세상에서 완벽이란 것은 없습니다. 갑자기 잘 돌아가던 저장 매체가 과열로 손상될 수 있으며, 사용자나 사용자 지인의 실수로 중요한 파일이 삭제될 수도 있습니다. 또 보고되지 않은 신종 바이러스의 출현으로 데이터가 몽땅 삭제될 수도 있습니다. 요즘은 내 컴퓨터에 있던 파일들을 낚아채 압축해 놓고 거기에 비밀번호를 걸어 버린 후, 압축을 풀고 싶으면 돈을 내라고 하는 '랜섬웨어'가 활동하고 있습니다. 이런 상황에서는 백신 프로그램도 최신 업데이트도 소용이 없습니다. 미리미리 예방할 수밖에 없습니다.

'데이터는 언제든지 잃어버릴 수 있다'는 것을 항상 염두에 두고 중요한 파일들은 '백업'이라는 과정을 통해 안전하게 보관하는 것이 좋습니다. 데이터가 삭제되거나 나쁜 놈들에 의해 인질로 잡혔다 하더라도 최근 백업해 놓은 데이터들을 불러와 사용하면 되는 것입니다.

윈도우 10에서는 '파일 히스토리'를 만들어 백업을 하는데, 사용자가 만드는 파일의 버전을 기록으로 남겨 둡니다.

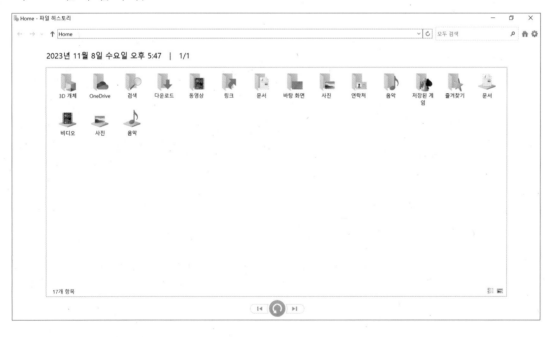

내 컴퓨터 안전하게 지키기

▶ 윈도우 보안 설정 살펴보기

01 [시작(🔳)]-[설정(⚙)]을 클릭합니다. [Windows 설정] 창에서 [업데이트 및 보안]을 클릭합니다.

 [Windows 설정] 화면의 검색 창에 '업데이트'라고 입력합니다. 검색 목록에서 [업데이트 확인]을 선택해도 동일한 결과가 나옵니다.

02 Windows 업데이트와 관련된 항목들이 보이고 마지막으로 업데이트한 날짜가 보입니다. 윈도우 10은 자동으로 업데이트를 진행합니다. 사용자가 일부러 할 필요는 없지만 업데이트 날짜가 오래된 것 같다면 **[업데이트 확인]** 버튼을 클릭합니다.

03 업데이트 항목이 있다면 설치가 진행됩니다. 업데이트에 따라 컴퓨터를 재부팅 해야 할 수도 있습니다. 윈도우 10은 업데이트에 대해 몇 가지 옵션을 제공합니다. **[7일 동안 업데이트 일시 중지]**를 클릭합니다. 말 그대로 일주일간 업데이트를 하지 않습니다. 7일이 지나면 다시 작동합니다.

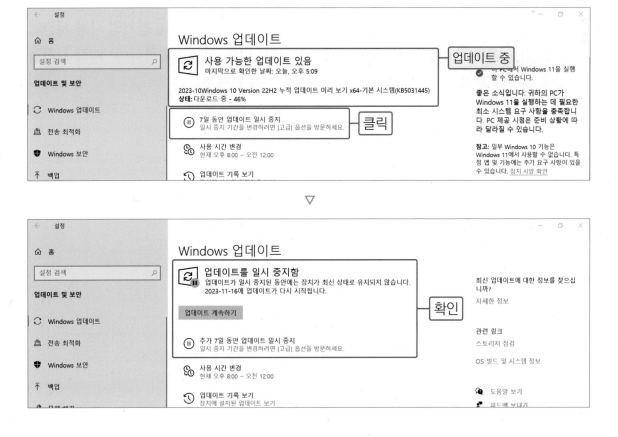

04 [업데이트 계속하기] 버튼을 클릭하여 일시 중지를 취소합니다. 컴퓨터를 사용하는 동안에는 재부팅을 못하도록 설정하기 위해 [사용 시간 변경]을 클릭합니다.

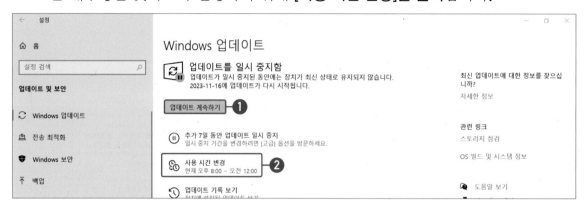

05 [활동을 기준으로 이 장치의 사용 시간을 자동으로 조정]을 '켬'으로 설정합니다. 이제 윈도우는 사용자의 컴퓨터 사용 시간을 분석해 자동으로 시간을 맞추어 줍니다.

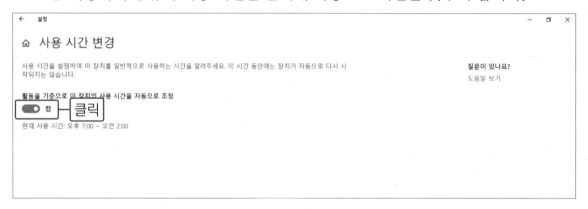

06 원하는 시간에만 업데이트를 못하게 하고 싶다면 [활동을 기준으로 이 장치의 사용 시간을 자동으로 조정]을 '끔'으로 설정한 후 현재 사용 시간 옆의 [변경]을 클릭합니다. 시작 시간과 종료 시간을 설정한 후 [저장] 버튼을 클릭하고 ←(뒤로)를 클릭합니다.

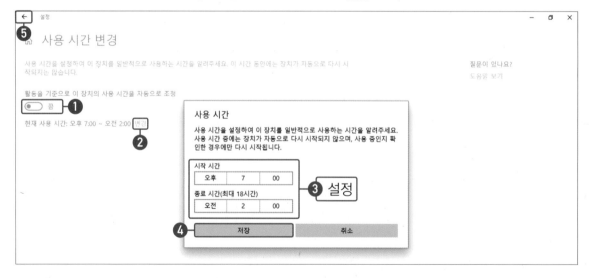

[Windows 업데이트] 화면에서 [고급 옵션]을 클릭하면 좀 더 세부적으로 업데이트를 설정할 수 있습니다.

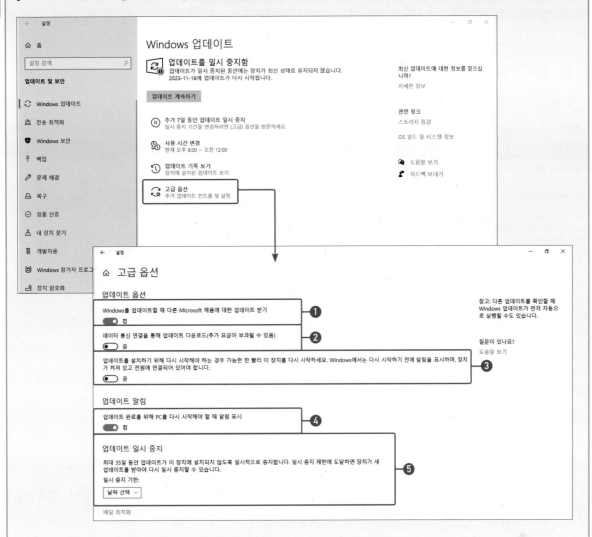

❶ 윈도우뿐만 아니라 같은 마이크로소프트의 제품이 설치되어 있다면 함께 업데이트를 진행합니다.

❷ 노트북이나 태블릿 PC 사용 시 무선 인터넷(Wi-fi)이 아닌 통신사 USIM을 통해 업데이트를 진행할 수도 있습니다.

❸ 노트북이나 태블릿 PC처럼 전원이 아닌 배터리로 작동할 때는 업데이트를 하지 않도록 설정할 수 있습니다.

❹ 업데이트를 위해 컴퓨터를 다시 시작할 때 사용자에게 알림을 띄어 줍니다.

❺ 특정한 날짜에는 업데이트를 하지 못하도록 합니다.

▶ 보안 앱 다루기

간혹 컴퓨터가 의심스럽다면 보안 기능들이 잘 작동하고 있는지 확인해 볼 필요가 있습니다.

01 왼쪽 목록에서 [Windows 보안]을 선택합니다.

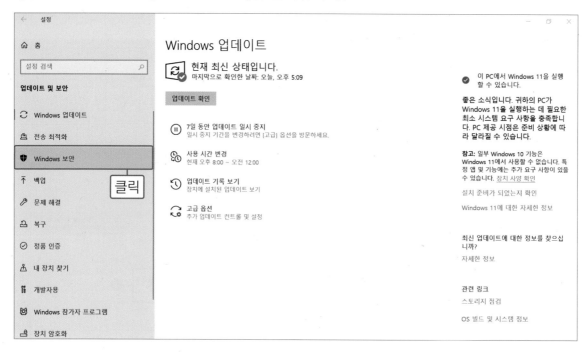

02 윈도우의 각종 보안에 관련된 사항들이 보입니다. 윈도우가 자체적으로 보호하고 있는 영역의 현재 상태를 보여 줍니다. 이 영역들을 실시간으로 감시하면서 이상 징후가 나타나면 '작업이 권장됩니다'라고 메시지를 띄웁니다.

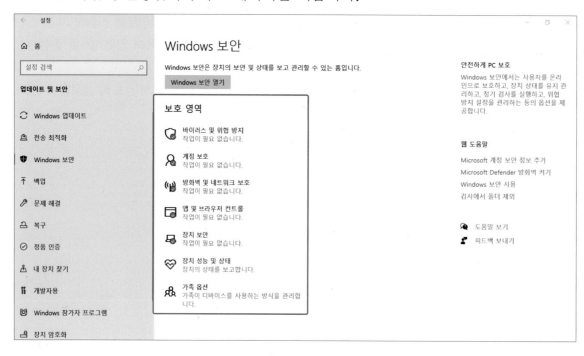

▶ 바이러스 및 위협 방지하기

01 [Windows 보안 열기] 버튼을 클릭합니다.

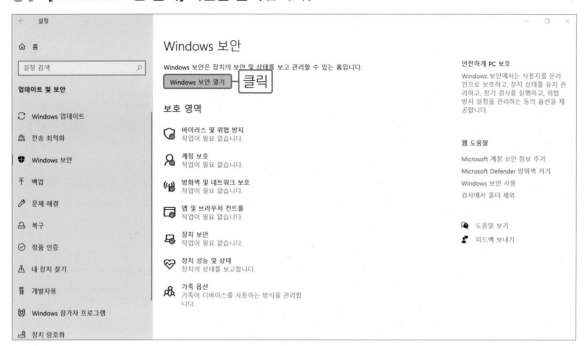

 잠깐

- 작업 표시줄의 오른쪽에 ∧(숨겨진 아이콘 표시)를 클릭하면 'Windows 보안'으로 한 번에 갈 수 있는 아이콘이 있습니다.

- 'Windows 보안'은 설정이 아니라 별도의 앱입니다. 그래서 작업 표시줄을 보면 ⚙(설정)과는 다른 앱 아이콘이 나타납니다.

02 [Windows 보안] 창이 나타나면 **[바이러스 및 위협 방지]를 선택**합니다.

03 오른쪽 화면이 변경됩니다. [바이러스 및 위협 방지] 화면의 [현재 위협]을 보면 내 컴퓨터에 바이러스가 있는지 여부를 보여 줍니다. 사용자가 특별히 신경 쓰지 않아도 자동으로 작업이 수행됩니다. 직접 검사를 실행하려면 **[빠른 검사] 버튼을 클릭**합니다. 내 컴퓨터의 저장 장치를 빠르게 스캔하면서 바이러스를 검출합니다.

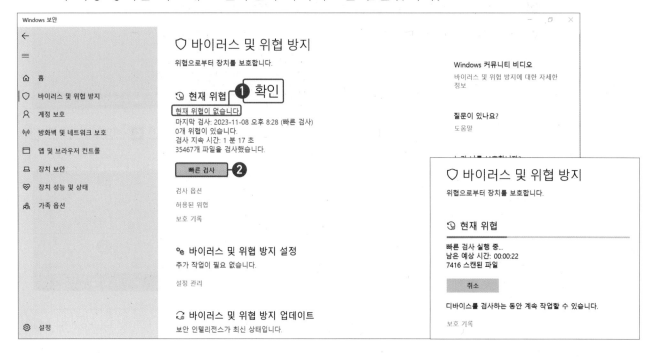

04 위협 항목이 있다면 권장 작업을 시작하라는 메시지와 함께 [작업 시작] 버튼이 생성됩니다.

05 검사 방식의 옵션을 바꾸고 싶다면 [현재 위협]의 **[검사 옵션]**을 클릭합니다.

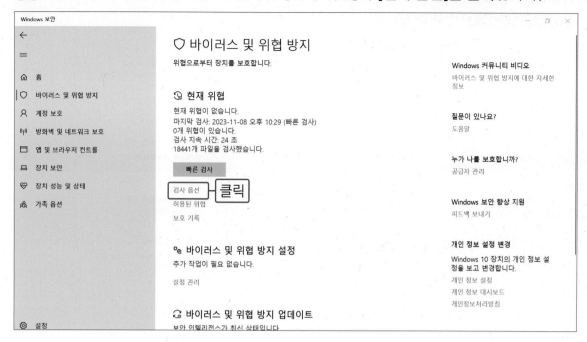

06 [검사 옵션] 화면이 나타납니다. 윈도우가 검사하는 방식을 원하는 옵션으로 설정할 수 있습니다. 기본은 '빠른 검사'로 되어 있습니다. 기본인 상태로 두고 ⬅(**뒤로**)를 클릭해 이전 화면으로 돌아갑니다.

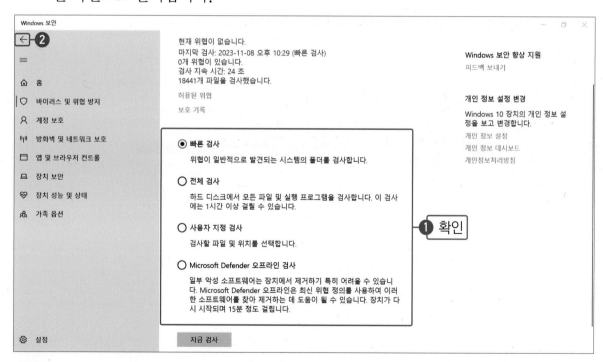

 잠깐 '전체 검사'를 선택하면 컴퓨터가 느려지는 현상이 발생할 수 있으며, 저장 장치의 수명을 단축시킬 수 있습니다. 주기적으로 윈도우가 바이러스 검사를 스스로 진행하기 때문에 기본은 '빠른 검사'로 두고 '전체 검사'는 가끔 한 번씩 사용자가 수동으로 하는 것을 권장합니다.

07 [바이러스 및 위협 방지 설정]의 [설정 관리]를 클릭합니다.

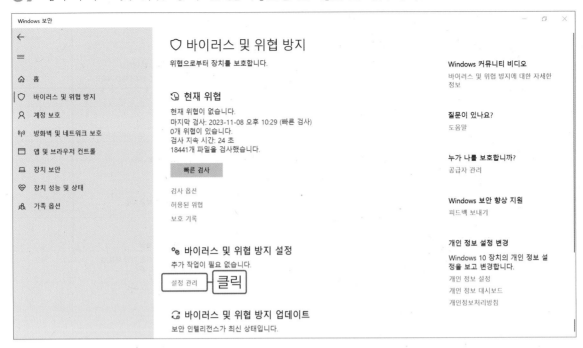

08 설정 화면이 나타납니다. 컴퓨터가 백그라운드에서 실시간으로 모니터링 할 수 있도록 [실시간 보호]가 '켬'으로 설정되어 있습니다. [실시간 보호]의 '켬'을 클릭하여 '끔'으로 변경합니다.

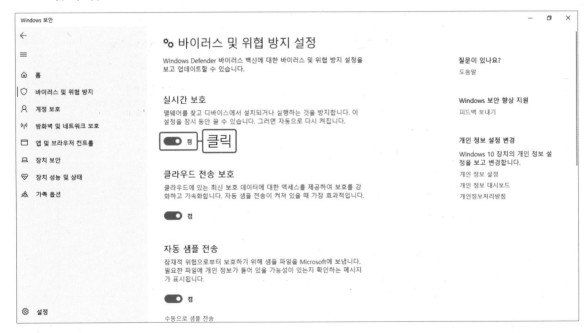

09 디바이스 변경 허용 유무를 묻는 창이 나타나면 **[예]** 버튼을 클릭합니다. 각종 경고와 알림이 동작하는 것을 확인할 수 있습니다. **[실시간 보호]**의 '끔'을 클릭하여 다시 '켬'으로 변경한 후 ⬅(뒤로)를 클릭해 이전 화면으로 돌아갑니다.

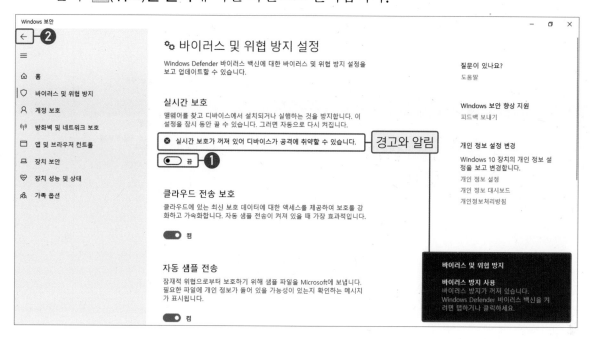

10 **[바이러스 및 위협 방지 업데이트]**의 업데이트 날짜를 확인한 후, 마지막 업데이트 날짜가 오래되었다면 **[업데이트 확인]**을 클릭합니다.

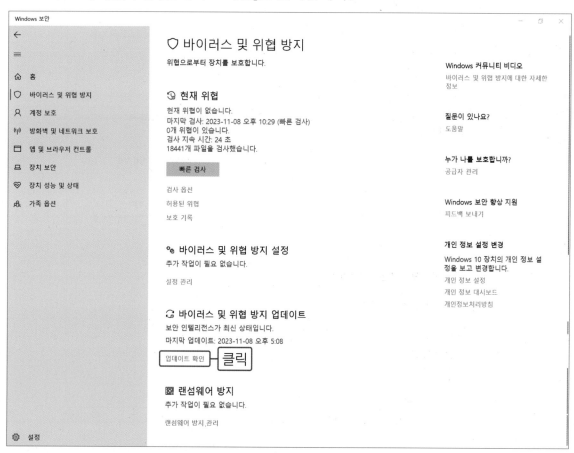

11 [보호 업데이트] 화면이 나타나면 **[업데이트 확인]** 버튼을 클릭하여 업데이트를 진행한 후 ←(뒤로)를 클릭해 이전 화면으로 돌아갑니다.

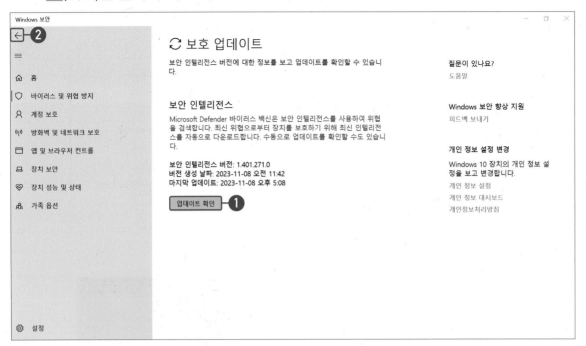

12 [랜섬웨어 방지]에서 **[랜섬웨어 방지 관리]**를 클릭합니다.

13 [랜섬웨어 방지] 화면이 나타나면 [제어된 폴더 액세스]를 확인한 후 '끔'으로 설정되어 있다면 '켬'으로 설정합니다. [보호된 폴더]를 클릭합니다.

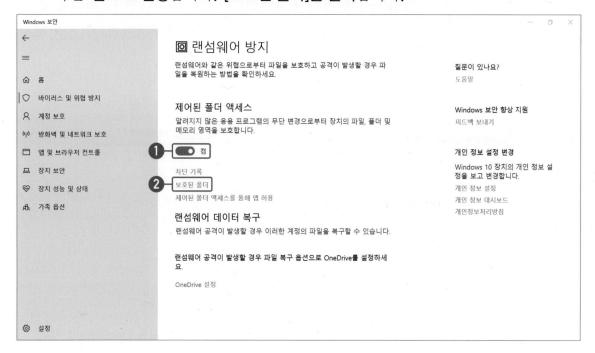

14 디바이스 변경 허용 유무를 묻는 창이 나타나면 [예] 버튼을 클릭합니다. [보호된 폴더] 화면이 나타나고, 보호된 폴더 목록이 보입니다. 추가하고 싶은 폴더가 있다면 [보호된 폴더 추가]를 클릭해서 원하는 폴더를 지정할 수 있습니다. 설정이 끝났으면 [Windows 보안] 창의 ⊠(닫기) 버튼을 클릭합니다.

▶ '파일 히스토리'를 이용하여 백업하기

01 [설정] 창의 왼쪽 목록에서 **[백업]을 선택**합니다. [백업] 화면이 나타나면 **[드라이브 추가]** 를 클릭합니다. [드라이브 선택]에서 **원하는 드라이브를 선택**합니다. 여기서는 USB 메모 리 드라이브를 선택합니다.

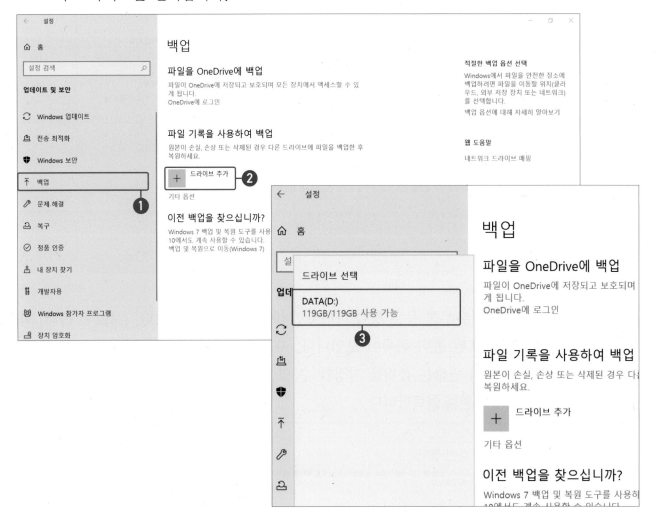

 '드라이브 선택'이 보이질 않아요.
- 이미 백업 드라이브가 선택된 상태입니다. 다음 과정인 **02**의 '기타 옵션' 설정 과정을 진행하면 됩니다.
- 컴퓨터에 설치된 드라이브가 하나만 있는 단일 드라이브면 설정할 수 없습니다. 저장 장치를 추가해야 합니다.

- 윈도우가 설치된 'C:로컬 디스크'는 백업 장치로 사용할 수 없습니다. 여분의 드라이브가 없다면 USB 메모리를 컴퓨터에 꽂아 연습해 봅니다.
- USB 메모리 드라이브의 알파벳과 이름은 사용자의 컴퓨터에 따라 다를 수 있습니다.

02 [자동으로 파일 백업]이 '켬'으로 자동 설정됩니다. '파일 히스토리' 기능이 작동을 시작하여 기본적으로 사용자의 '라이브러리'와 '바탕 화면', '즐겨찾기'에 한해 백업을 합니다. 사용자가 추가하거나 제외할 수 있습니다. [기타 옵션]을 클릭합니다.

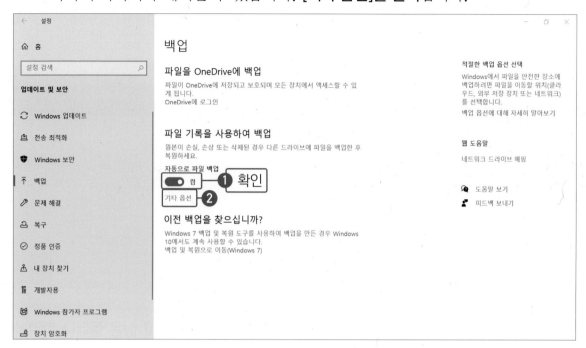

03 [백업 옵션] 화면이 나타납니다. [이 폴더 백업]의 목록에 있는 폴더 중 백업할 필요가 없다고 판단되는 폴더는 백업 항목에서 뺄 수 있습니다. 제거할 항목(여기서는 '저장된 게임')을 선택한 후 [제거] 버튼을 클릭합니다.

04 백업된 파일을 복원시켜 보겠습니다. **[현재 백업에서 파일 복원]을 클릭합니다.**

05 [파일 히스토리] 창이 나타나고 백업된 폴더들이 보입니다. **복원하고 싶은 폴더나 파일을 선택**한 후 ⟳(복원하기) 버튼을 클릭합니다.

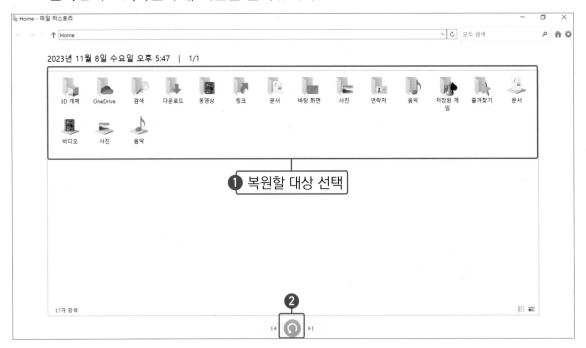

06 [파일 히스토리] 창과 [설정] 창의 ⊠(닫기) 버튼을 각각 클릭합니다.

01 Windows 업데이트를 위한 컴퓨터의 사용 시간을 오전 8시에서 오후 6시 사이로 직접 지정해 봅니다.

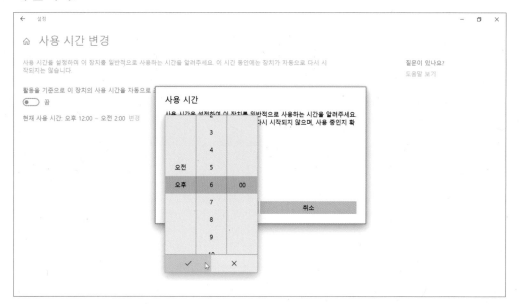

 [설정] 창의 [Windows 업데이트]에서 [사용 시간 변경]을 클릭 → [변경]을 선택한 후 설정

02 'Windows 보안' 기능을 활용하여 임의의 폴더를 선택하여 현재 바이러스 및 위협이 있는지 검사해 봅니다.

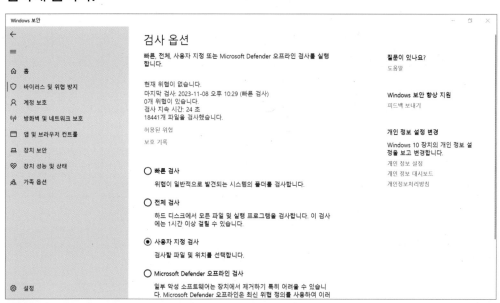

 [Windows 보안] 창의 [바이러스 및 위협 방지]에서 [검사 옵션]을 클릭 → [사용자 지정 검사]를 선택 → [지금 검사] 버튼을 클릭 → [폴더 선택] 대화상자에서 폴더 선택

03 백업 주기를 '매일'로 변경해 봅니다.

[설정] 창의 [백업]에서 [기타 옵션]을 클릭 → [파일 백업]을 선택한 후 설정

04 [여행 사진] 폴더를 백업 파일 목록에서 제외시켜 봅니다.

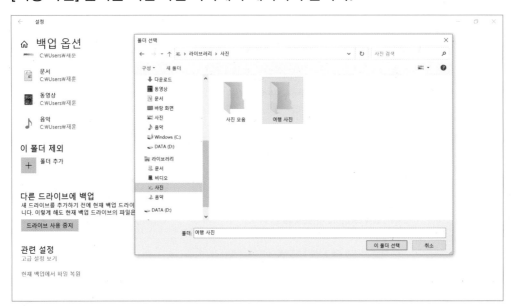

• 사용자 컴퓨터의 '라이브러리'에 '여행 사진' 폴더가 없다면 폴더를 생성한 후 실습해 봅니다.
• [백업 옵션]의 [이 폴더 제외]에서 [폴더 추가] 클릭 → [폴더 선택] 대화상자에서 선택

04 구름 속 내 컴퓨터

- 클라우드 컴퓨터
- 네이버 MYBOX
- 파일 업로드
- 파일 다운로드
- 내 컴퓨터와 동기화

미 / 리 / 보 / 기

■ 준비물 : [예제사진] 폴더

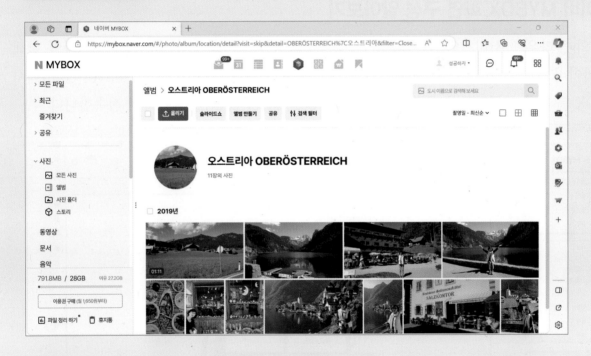

인터넷의 발전과 노트북, 스마트폰 및 태블릿 PC 등 경량화된 컴퓨터들로 인해 이제는 이동하면서 컴퓨터를 사용하는 것이 당연한 세상이 되었습니다. 이번 장에서는 장치 간의 빠른 데이터 이동과 데이터를 안전하게 보관할 수 있는 클라우드 서비스를 알아보겠습니다.

▶ 저장매체

컴퓨터의 저장매체 기술은 열쇠고리처럼 작은 크기에 대용량의 자료를 담아 들고 다닐 수 있을 정도로 발전하였지만, 분실이나 고장, 바이러스 감염 등의 위험으로부터는 자유롭지 못합니다. 이런 단점을 극복하면서 정말 편하게 사용할 수 있는 저장매체가 바로 '클라우드 서비스('클라우드 저장소'라고도 불림)'입니다. 인터넷이 되고 자신의 계정만 있으면 언제 어디서나 접속해서 사용할 수 있습니다.

다양한 업체에서 클라우드 서비스를 하고 있고, 구글이나 마이크로 소프트, 네이버 등 신뢰도 높은 회사들이 인기를 얻고 있습니다.

▶ 네이버 MYBOX 화면 구성 알아보기

네이버의 클라우드 서비스인 '네이버 MYBOX'는 파일 탐색기와 매우 비슷합니다. 파일 탐색기를 네이버 온라인 버전으로 옮겨 놨다고 생각해도 됩니다. 네이버(www.naver.com)에서 'MYBOX'를 찾아 선택하거나 주소 표시줄에 'mybox.naver.com'을 입력하여 접속합니다.

❶ 파일 탐색기처럼 폴더를 만들고 복사하고 삭제할 수 있습니다. 저장하고 싶은 파일을 업로드할 수 있고, 사용하고 싶은 파일을 다운로드할 수 있습니다.

❷ 파일 탐색기의 '라이브러리'와 같습니다. 내가 업로드하는 파일을 사진, 동영상, 음악, 문서로 분류한 후 자동으로 모아 보여 줍니다.

❸ 사진, 동영상, 문서 파일 등을 공유할 수 있습니다. 네이버 계정이 있다면 내가 올리는 사진 등을 친구나 가족과 공유하여 함께 볼 수 있습니다.

❹ 중요한 파일들을 한 폴더에 모아 암호를 걸 수 있습니다. 암호를 입력해야 파일들을 볼 수 있고 검색, 스토리 추천에도 제외됩니다. 유료 결제를 해야 사용할 수 있는 옵션입니다.

❺ 파일 탐색기의 파일 영역과 같은 역할을 합니다. 폴더와 파일을 보여 줍니다.

 네이버 클라우드는 기본 30GB를 무료로 제공합니다. 저장 공간을 늘리고 싶으면 유료 결제가 가능하고 금액에 따라 저장 공간을 늘릴 수 있습니다.

02 네이버 MYBOX 다루기

▶ 네이버 MYBOX에 접속하기

01 웹브라우저를 실행한 후 네이버(www.naver.com)에 접속합니다. [NAVER 로그인] 버튼을 클릭한 후 아이디와 비밀 번호를 입력하여 로그인을 하고, 검색 창 아래 ⋯ 를 클릭합니다.

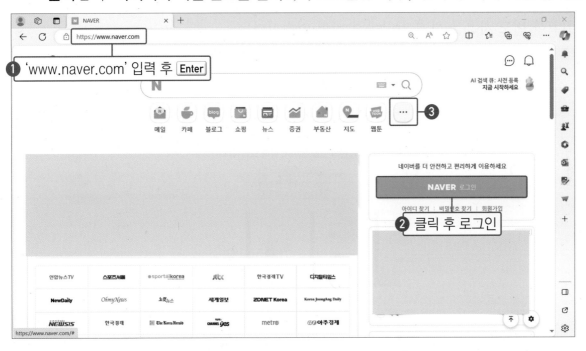

 네이버 MYBOX는 네이버 회원만 사용할 수 있습니다. 회원이 아닌 경우 [회원가입]을 클릭하여 절차에 따라 진행합니다.

02 [MYBOX]를 클릭합니다.

03 MYBOX 화면이 나타나면 왼쪽 창에서 **[모든 파일]**을 클릭합니다. 오른쪽 창에 내용이 보입니다(한 번도 사용을 하지 않았다면 비어 있습니다).

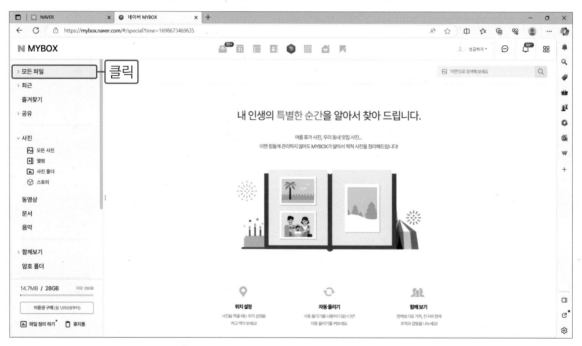

 처음 접속했다면 약관과 관련한 메시지가 나타날 수도 있습니다. 약관을 읽어보고 동의에 체크한 후 [시작하기] 버튼을 클릭합니다.

04 [새 폴더] 버튼을 클릭한 후 폴더 이름을 '여행 사진 모음'이라고 입력하고 [확인] 버튼을 클릭합니다.

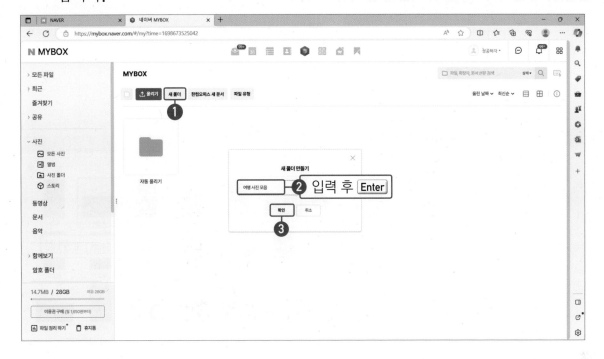

▶ 파일 올리기

01 만들어진 '여행 사진 모음' 폴더를 클릭합니다.

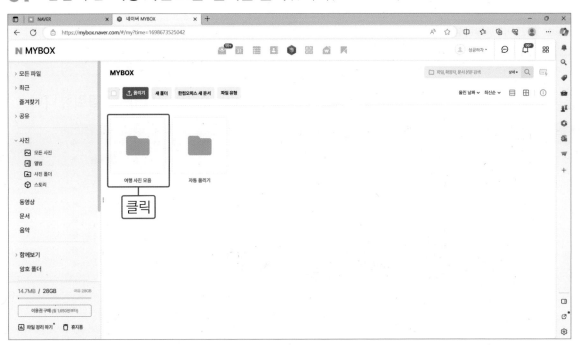

02 [올리기] 버튼을 클릭한 후 [파일 올리기]를 선택합니다. [열기] 대화상자가 나타나면 사진 파일을 찾아 선택하고 [열기] 버튼을 클릭합니다.

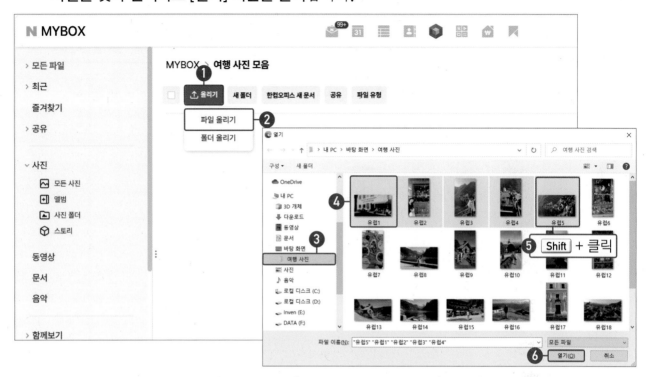

 잠깐 제공하는 자료 중 [예제사진] 폴더의 파일들을 활용하거나 사용자의 컴퓨터에 보관 중인 사진(이미지) 파일을 활용하여 실습합니다.

03 오른쪽 하단에 올리기가 완료됐다는 알림 메시지가 나타나면 **[완료]** 버튼을 클릭합니다.

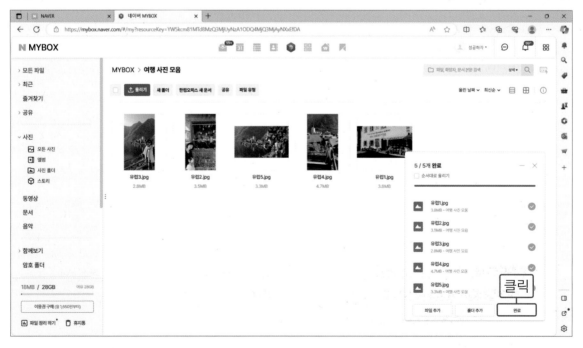

04 이번에는 다른 방법으로 사진을 업로드해 보겠습니다. 먼저, 업로드할 사진이 들어 있는 폴더를 열고, **01장. 윈도우를 만나보자**에서 배운 화면 분할 기능을 활용하여 MYBOX와 폴더 창을 배치합니다.

05 폴더 창에서 Ctrl + A 키를 눌러 사진 전부를 선택한 후 MYBOX의 [여행 사진 모음] 폴더로 드래그합니다.

06 중복되는 파일이 있는 경우 다음과 같은 메시지가 나타납니다. 여기서는 '이후 모든 파일/ 폴더에 적용'을 체크하고 [건너뛰기] 버튼을 클릭합니다.

07 [올리기] 버튼을 클릭하지 않고도 내 컴퓨터에 있는 파일이 MYBOX에 업로드된 것을 확인할 수 있습니다.

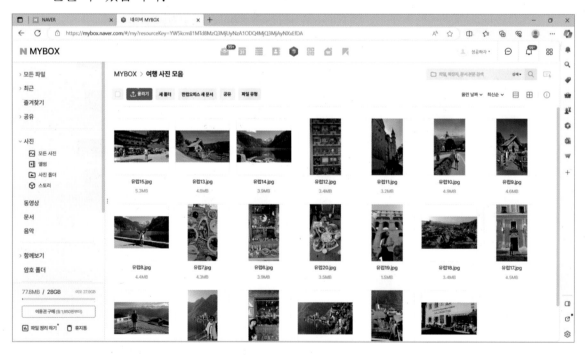

▶ 파일 내려받기

01 MYBOX에 있는 파일 중 내 컴퓨터에 저장할 사진 3장을 고릅니다. **사진 왼쪽 상단의 네모 상자를 클릭합니다. [내려받기] 버튼을 클릭합니다.**

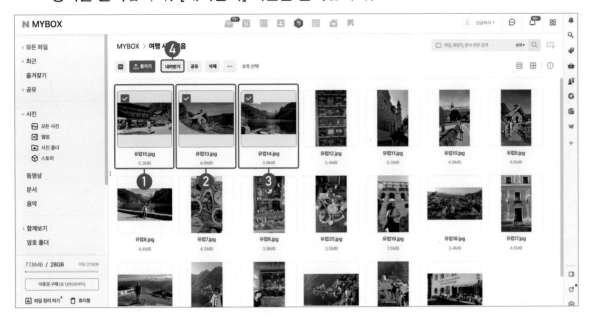

02 브라우저 왼쪽 상단에 그림과 같은 팝업 메시지가 나타나면 [허용]을 클릭하여 여러 파일을 한 번에 다운로드할 수 있도록 합니다.

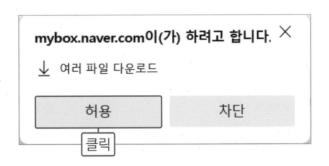

 파일은 어디에 저장되는 걸까요?
기본 설정 장소인 사용자 계정의 [내 PC] 내 [다운로드] 폴더에 저장됩니다. 기본 설정 장소는 엣지(Edge)의 환경 설정에서 바꿀 수 있으며 '다른 이름으로 저장'을 선택하면 그때그때 저장할 장소를 지정할 수 있습니다.

03 저장이 완료되면 오른쪽 상단에 다음 그림과 같은 팝업 창이 나타납니다. **[다운로드 폴더 열기(□)]를 클릭합니다.**

04 저장된 폴더가 열리며 선택한 사진들이 내 컴퓨터에 저장된 것을 확인할 수 있습니다.

 '올리기'와 달리 '내려받기'는 드래그로 실행할 수가 없습니다.

▶ 디지털 액자로 보기

01 MYBOX에 업로드한 **사진 파일 하나를 클릭**합니다.

02 뷰어가 실행됩니다. 사진의 좌우 바깥으로 마우스를 가져가면 표시되는 '〈 〉'를 클릭하여 사진을 넘겨 봅니다.

03 사진 위에 마우스를 가져가면 메뉴들이 나타납니다. 상단의 [슬라이드쇼(▶)]를 클릭합니다.

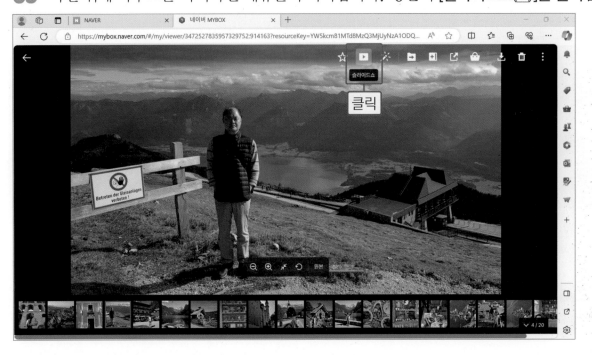

04 전체 화면으로 전환되고 음악과 함께 사진이 자동으로 전환되며 슬라이드쇼가 진행됩니다. 감상을 마치고 돌아가려면 오른쪽 상단의 ▨를 **클릭**합니다.

05 왼쪽 상단의 ← 를 **클릭**하여 MYBOX로 돌아옵니다.

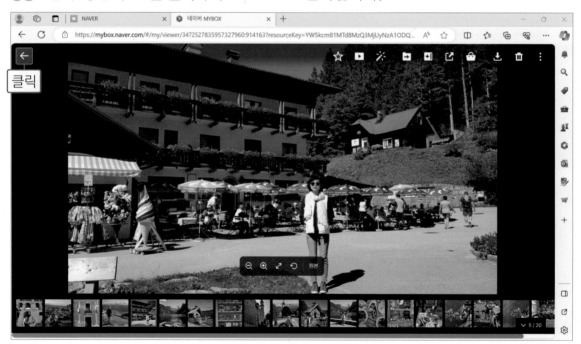

▶ 앨범으로 정리하기

01 MYBOX의 왼쪽 창에서 [사진]-[모든 사진]을 클릭합니다.

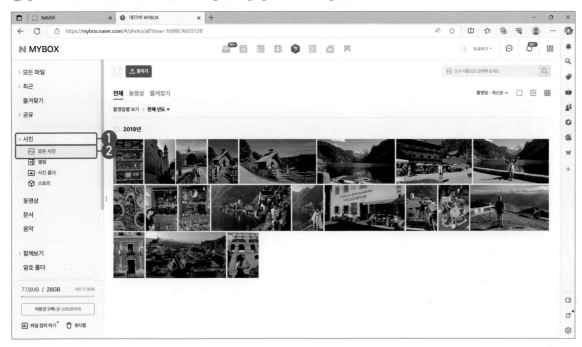

 '스토리'는 사진이 쌓이고 시간이 지나면 인공지능이 자동으로 테마를 부여해 사진을 정리해 주는 기능입니다.

02 MYBOX에 업로드한 사진 전부가 나타납니다. **상단의 체크 상자를 클릭하여 사진 전부를** 선택합니다.

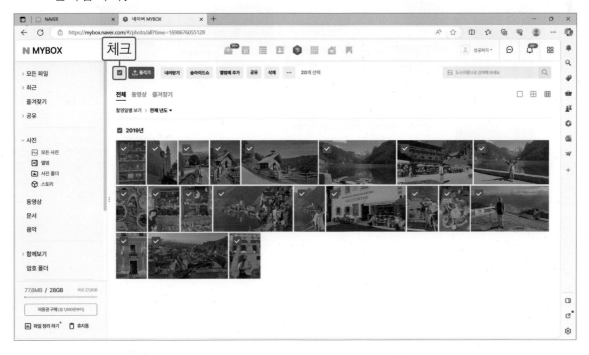

03 [앨범에 추가]를 클릭한 후 [새 앨범]을 선택합니다.

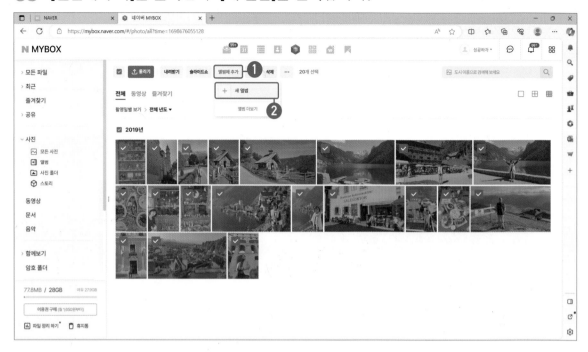

04 [새 앨범 만들기] 대화상자가 나타나면 앨범명을 '2019 유럽 여행'이라고 입력한 후 [확인] 버튼을 클릭합니다.

05 왼쪽 창에서 **[앨범]**을 **클릭**하면 오른쪽 화면 아래 [내가 만든 앨범] 카테고리에 '2019 유럽 여행' 앨범이 보입니다. '2019 유럽 여행' 앨범을 **클릭**합니다.

06 앨범에 정리된 사진들을 확인할 수 있습니다.

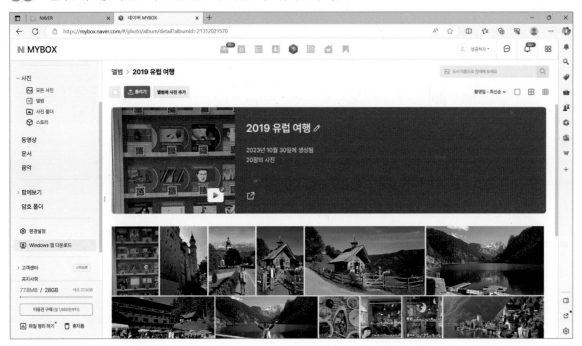

▶ 파일 탐색기에서 MYBOX 사용하기

01 MYBOX 왼쪽 창을 아래로 내려 [Windows 앱 다운로드]를 클릭합니다.

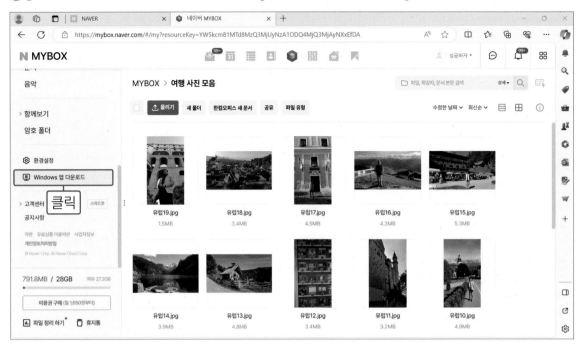

02 MYBOX 탐색기 설치를 위한 창이 나타납니다. [데스크톱 앱 다운로드]를 클릭하여 설치 파일을 다운로드합니다.

03 다운로드가 완료되면 알림 팝업 창에서 [파일 열기]를 클릭합니다.

04 디바이스 변경에 대한 허용 유무를 묻는 메시지가 나타나면 [예] 버튼을 클릭합니다.

05 설치 마법사가 실행되면 절차에 따라 진행하여 설치를 완료합니다. [마침]을 클릭하여 컴퓨터를 재부팅합니다.

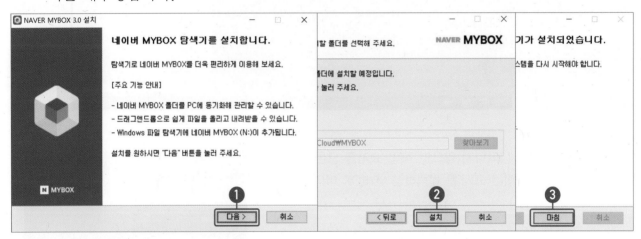

06 컴퓨터가 재부팅된 후 안내 창이 나타나면 [MYBOX 탐색기 시작하기]를 클릭합니다. [NAVER 로그인]을 클릭한 후 가입된 아이디와 비밀번호를 입력하여 로그인합니다.

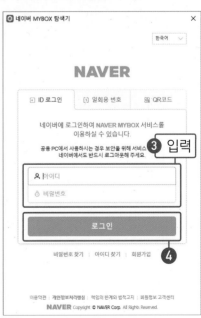

07 로그인하면 컴퓨터 바탕 화면 오른쪽에 MYBOX 알림 창이 나타납니다. **[탐색기에서 열기]를 클릭**합니다(윈도우의 '파일 탐색기'를 바로 실행해도 됩니다).

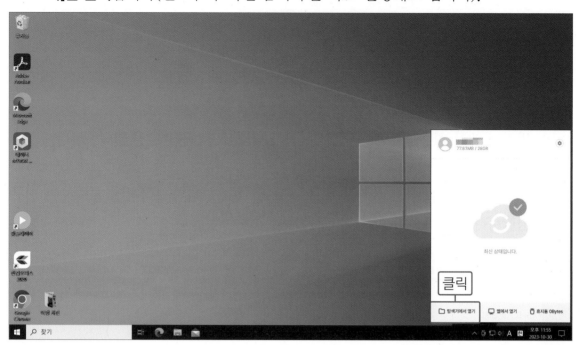

잠깐

- 알림 창이 나타나지 않으면 작업 표시줄 오른쪽 하단의 '숨겨진 아이콘 표시'를 클릭하면 MYBOX 아이콘을 찾을 수 있습니다.

- 윈도우 [시작]을 누르고 시작 메뉴에서 '네이버 MYBOX 탐색기 3.0'을 찾아 실행해도 됩니다.

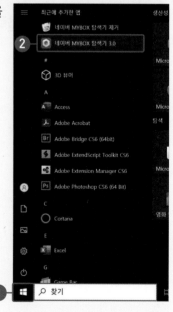

08 별도의 드라이브 '(N)'으로 MYBOX 드라이브가 생성된 것을 확인할 수 있습니다. [MYBOX(N)] 드라이브를 클릭하고 [개인]-[여행 사진 모음] 순서로 찾아 들어갑니다.

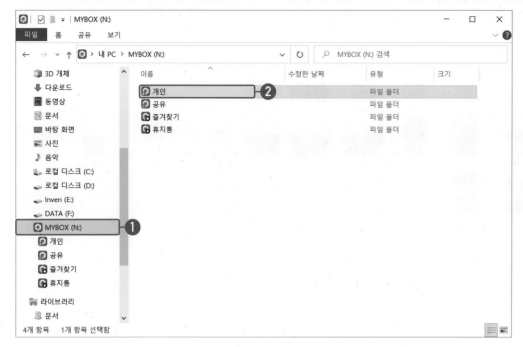

09 업로드했던 사진들을 확인할 수 있습니다.

10 Ctrl + A 키를 눌러 사진 전부를 선택한 후 **마우스 오른쪽 버튼을 클릭**하고 **[삭제]를 선택**합니다. 완전히 삭제할 것인지 묻는 메시지가 나타나면 **[예] 버튼을 클릭**합니다.

11 MYBOX의 [여행 사진 모음] 폴더로 이동해 보면 사진이 모두 삭제된 것을 확인할 수 있습니다.

응용력 키우기

01 내 컴퓨터의 [음악] 폴더를 네이버 MYBOX에 '폴더 올리기'로 업로드해 봅니다.

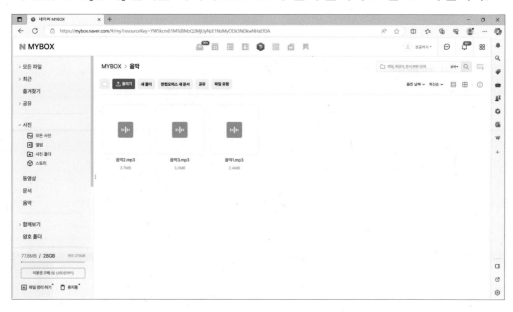

02 파일 탐색기의 [MYBOX(N)] 폴더 내에 [여행 동영상] 폴더를 만들고 동영상을 저장해 봅니다.

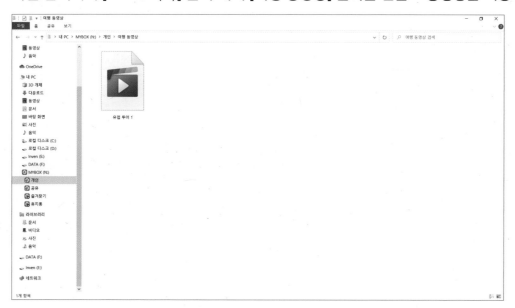

05 컴퓨터 최적화 관리

- ▪ 임시 파일 제거
- ▪ 디스크 파편화
- ▪ 디스크 최적화
- ▪ '고클린' 앱

미/리/보/기

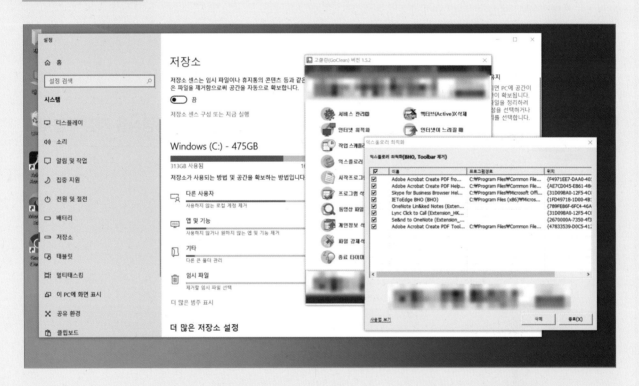

사양이 좋은 컴퓨터라도 시간이 흐르면 이상하게 느려지고 에러가 자주 발생합니다. 이런 원인으로는 불필요한 데이터들로 인한 용량 부족과 자원 점유, 파편화된 데이터에 의한 속도 저하 등을 꼽을 수 있습니다. 이번 장에서는 간단한 방법으로 컴퓨터를 쾌적하게 사용할 수 있는 방법을 알아보겠습니다.

▶ 쌓여 있는 찌꺼기들 버리기

사용자가 사용하지 않는 앱을 지우고 휴지통을 비우면 그만큼 용량이 늘어납니다. 하지만 보이지 않는 파일 찌꺼기들이 은근슬쩍 컴퓨터의 용량을 차지하여 윈도우를 무겁게 만듭니다. 대표적인 예로 윈도우를 업데이트 한 후 남은 업데이트 설치 파일, 인터넷을 서핑하면서 생기는 인터넷 임시 파일 등을 들 수 있습니다. 눈에 띄지 않는 파일들이라 사용자가 신경을 써 줘야만 합니다. '저장 공간' 관리를 통해 간단하게 불필요한 파일들을 제거할 수 있습니다.

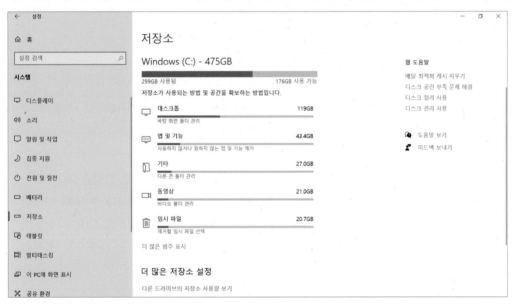

▶ 디스크 파편화와 디스크 최적화

컴퓨터를 사용하다 보면 파일의 저장과 삭제를 반복할 수밖에 없습니다. 하드 디스크라는 저장 장치에 파일들이 입출력을 반복하게 되면 '디스크 파편화'라는 현상이 생깁니다. 처음에는 파일들이 순서에 맞게 차곡차곡 저장되지만 앞의 파일을 삭제하고 새로운 파일을 저장할 때 파일의 크기가 다르면 분리되어 저장됩니다. 따라서 파일을 읽어 들일 때 속도가 저하될 수밖에 없습니다.

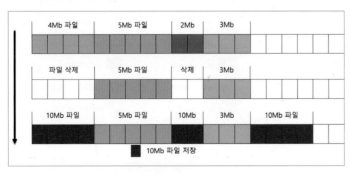

윈도우에 내장된 기능인 '드라이브 최적화'를 통해 흩어져 있는 파일들을 모아 줄 수 있습니다.

- '드라이브 최적화'는 윈도우 10 이전 버전에서는 '디스크 조각 모음'이라는 이름으로 불렸습니다.
- 최근 출시되는 컴퓨터들은 대부분 저장 매체가 반도체 드라이브로 탑재되어 있습니다. 반도체 드라이브는 특성상 별도로 최적화 관리를 할 필요는 없지만, 아직은 하드 디스크 드라이브를 대체하지 못하고 있습니다. 컴퓨터의 하드 디스크 설치 여부를 확인하고 하드 디스크 드라이브만 수동으로 최적화 기능을 활용하면 됩니다.

최적화를 위해 이것저것 하다 보면 윈도우의 시스템 파일을 삭제하는 등 돌이킬 수 없는 실수로 치명적인 결함을 발생시킬 수도 있습니다. 그래서 대부분의 사용자들은 믿을 수 있는 외부 앱을 다운로드 받아 편하게 사용합니다. 대표적인 앱으로 '고클린'이 있습니다.

임시 파일 제거하기

01 [시작(⊞)]-[설정(⚙)]을 클릭한 후 [Windows 설정] 화면에서 [시스템]을 클릭합니다.

02 화면이 변경되면 왼쪽 목록에서 [저장소]를 클릭합니다. 로컬 디스크(C:)의 장치에 저장된 파일들이 목록으로 나타납니다. '임시 파일'을 클릭합니다.

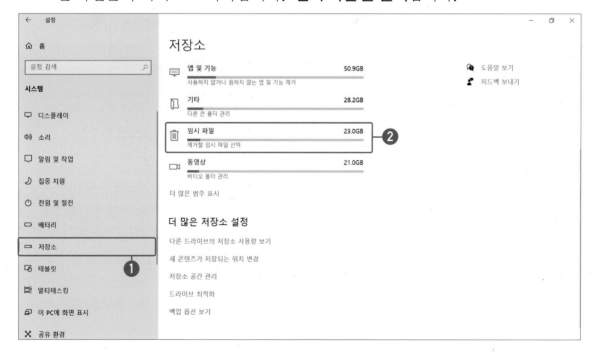

03 [임시 파일] 화면이 나타나고 분석을 시작합니다. 분석이 끝나면 임시 파일의 목록과 용량이 표시됩니다. **체크한 후 [파일 제거] 버튼**을 클릭합니다. 시간이 약간 소요될 수 있습니다.

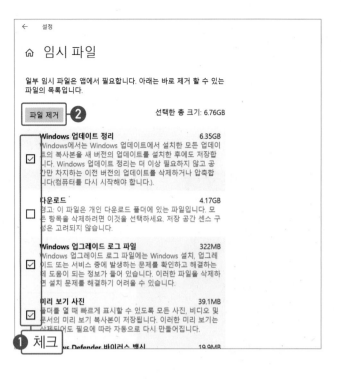

04 불필요한 파일이 삭제되고 **용량이 확보된 것을 확인**할 수 있습니다. 왼쪽 상단의 ←(뒤로)를 클릭합니다.

 • 임시 파일은 저장 장치의 용량을 쓸데 없이 차지하기 때문에 한 번씩 삭제해 주는 것을 권장합니다.
• '저장소 센스 구성'은 사용자 설정에 맞춰 윈도우가 자동으로 임시 파일을 삭제하는 기능입니다. 옵션으로는 사용 가능한 디스크 공간이 부족할 때 또는 매일, 매주, 매월 단위로 임시 파일을 삭제할 수 있습니다.
• '다운로드' 파일은 인터넷에서 저장한 파일들이 저장되는 곳입니다. 중요한 문서나 동영상 같은 파일이 없는지 반드시 확인한 후 체크합니다.

100

드라이브 최적화하기

01 [저장소] 화면의 [더 많은 저장소 설정]에서 [드라이브 최적화]를 클릭합니다.

02 컴퓨터에 설치된 저장 장치가 나타납니다. '하드 디스크 드라이브'를 선택한 후 [분석] 버튼을 클릭합니다. 조각난 비중이 높으면 [최적화] 버튼을 클릭하여 디스크를 최적화 합니다.

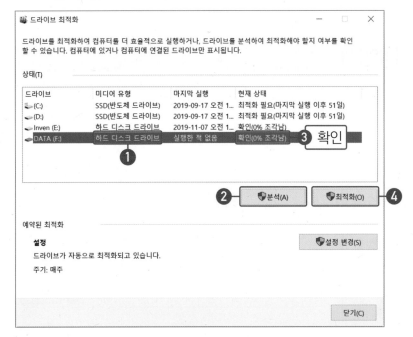

03 용량과 조각난 비중에 따라 시간이 걸릴 수도 있습니다.

04 [예약된 최적화] 부분의 **[설정 변경]** 버튼을 **클릭**합니다.

예약이 설정되어 있지 않다면 [설정 변경] 버튼은 [켜기]로 표시됩니다.

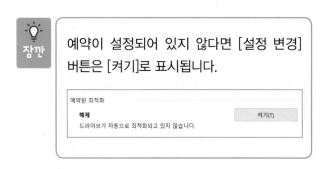

05 [예약 실행]의 체크를 **해제**하고 **[확인]** 버튼을 **클릭**합니다. **[닫기]** 버튼을 **클릭**하여 종료합니다.

하드 디스크는 드라이브를 사용하면 할수록 수명이 단축되며, 최적화가 진행되는 동안에는 컴퓨터의 속도가 느려져 사용에 영향을 주게 됩니다. 예약하여 실행하는 것보다 자신의 컴퓨터 사용 성향에 맞추어 한 번씩 수동으로 최적화를 진행하는 것이 더 좋을 수도 있습니다.

▶ 다운로드 및 설치

01 네이버에서 '고클린'을 검색한 후 검색된 링크를 클릭하여 다운로드 페이지로 이동합니다.

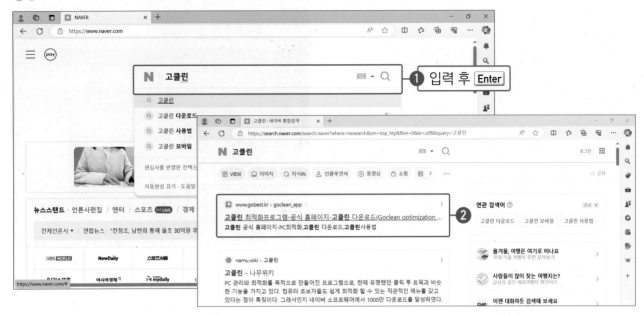

02 다운로드 페이지에서 [고클린 다운로드]를 클릭하여 다운로드한 후 [파일 열기]를 클릭해 고클린을 설치합니다.

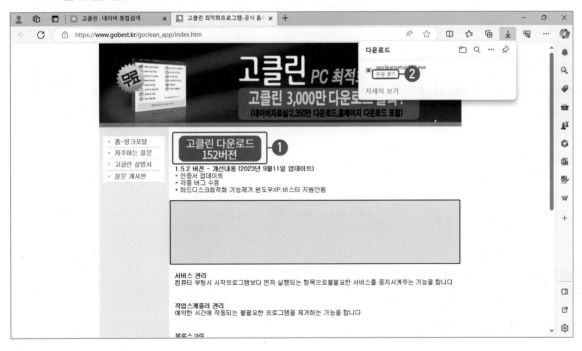

03 설치 창이 나타나면 순서에 따라 [다음] 버튼과 [설치] 버튼을 클릭하여 설치를 진행합니다. 설치가 완료되면 [마침] 버튼을 클릭합니다.

▶ 고클린 사용하기

01 [시작(⊞)]-[고클린]을 선택합니다.

02 고클린 메인 화면에서 [하드디스크 상태점검]을 클릭합니다. 설치된 드라이브의 상태를 점검한 후 이상 유무를 나타내 줍니다. **정상 표시가 보이면 [종료] 버튼을 클릭합니다.**

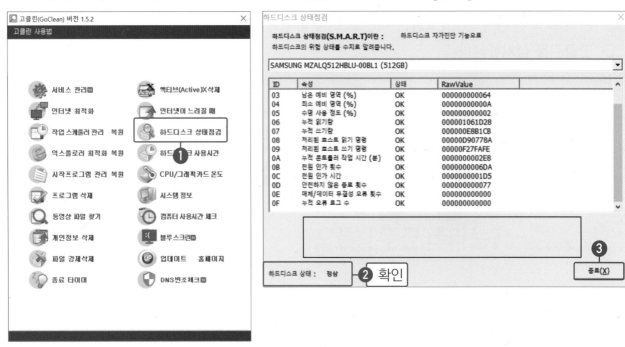

- 고클린의 많은 항목 중 일반 사용자가 최적화를 위해 필요한 건 '하드디스크 상태점검', '익스플로러 최적화', '액티브(Active)X 삭제' 정도입니다.
- '하드디스크 상태점검'의 검색 결과 상태 부분에 'OK'가 아닌 'Failed'가 나오면 해당 부분에 이상이 있는 것으로 컴퓨터 사용 중 꺼지거나 재부팅의 원인이 됩니다. 중요한 자료는 백업하고 AS 등의 조치를 받는 것을 권장합니다.

03 메인 화면에서 [익스플로러 최적화]를 클릭합니다. 불필요한 데이터들이 나타납니다. 불필요한 기능을 체크하고 [삭제] 버튼을 클릭합니다. 삭제가 완료되면 [종료] 버튼을 클릭합니다.

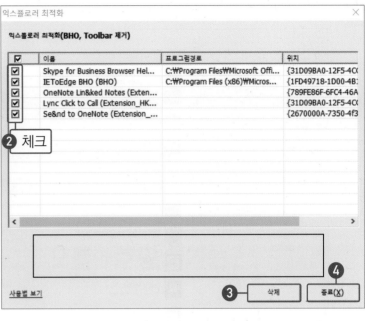

04 메인 화면에서 [액티브(Active)X 삭제]를 클릭합니다. '30일 동안 사용되지 않는 ActiveX Control 보기'를 선택합니다. 액티브X를 체크한 후 [삭제] 버튼을 클릭합니다. 삭제 후 [종료] 버튼을 클릭합니다. 메인 화면에서 ⊠(닫기) 버튼을 클릭해 종료합니다.

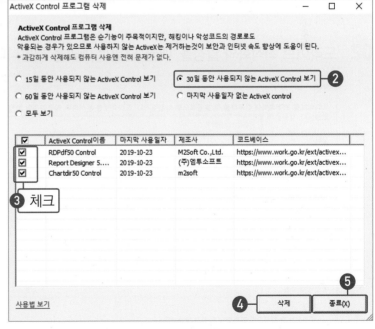

'액티브(Active)X'는 은행이나 쇼핑몰, 관공서 사이트를 이용하기 위해 설치하는 보안 프로그램입니다. 하지만 윈도우의 자원을 좀먹는 프로그램이기도 합니다.

01 사용하지 않는 앱을 삭제해 봅니다.

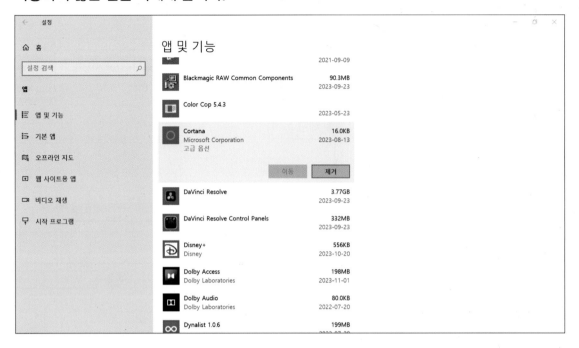

- 잘 모르는 앱은 함부로 삭제하지 않도록 합니다.
- [설정] 창의 [시스템]–[저장소]에서 [앱 및 기능] 선택 → 앱 및 기능 목록에서 선택 → [제거] 버튼 클릭

02 드라이브 최적화의 일정을 '매월' 단위로 예약을 해봅니다.

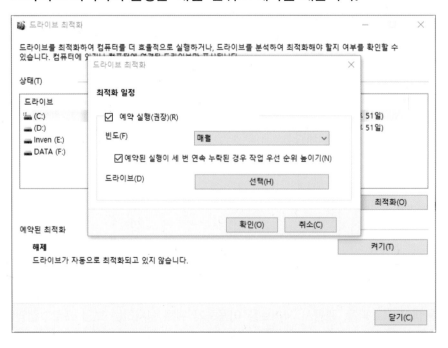

03 고클린을 이용하여 개인 정보를 삭제해 봅니다.

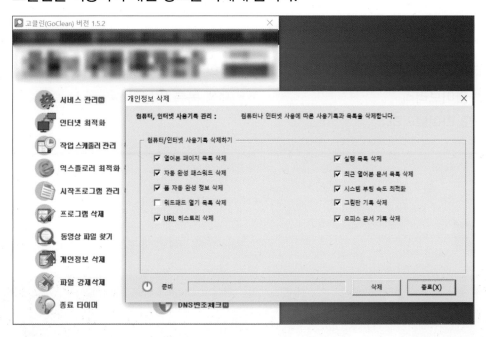

 • 컴퓨터를 사용하면 사용자의 사용 기록이 남게 됩니다. 특히 공용 컴퓨터에서는 개인 정보가 노출될 수 있으므로 삭제하는 것이 좋습니다.
• [고클린] 메인 화면에서 [개인정보 삭제]를 클릭합니다.

04 고클린을 이용하여 정해진 시간에 컴퓨터가 자동 종료되도록 설정해 봅니다.

[고클린] 메인 화면에서 [종료 타이머]를 클릭합니다.

06 컴퓨터는 내 놀이터

- '미디어 플레이어' 앱
- 음악 라이브러리
- 비디오 라이브러리
- 음악 및 동영상 재생
- 재생 목록 만들기

미/리/보/기

■ 준비물 : 스피커 또는 이어폰
■ 준비파일 : [예제음악] 폴더, [음악2] 폴더, [예제동영상] 폴더

파워유저라고 하면 다양한 응용 프로그램을 잘 사용하고 컴퓨터의 기능을 최대한 활용하는 사람을 이릅니다. 컴퓨터를 잘 다루려면 컴퓨터를 잘 가지고 놀 줄 알아야 합니다. 이번 장에서는 사람들이 취미 활동으로 많이 하는 음악 감상을 컴퓨터로 하는 방법을 배워보겠습니다.

▶ 음악 및 동영상 감상하기

이전에는 음악을 감상하기 위해서 음악이 담긴 LP, 카세트테이프, CD 등과 같은 매체를 구입해야 했고, 그 매체를 실행시킬 플레이어도 구입해야 음악을 들을 수 있었습니다. 하지만 이제는 음악을 듣기 위해 그런 매체를 구입하는 사람들은 소수의 마니아를 제외하고는 거의 없습니다. 대부분 'MP3'라고 불리는 디지털 음원을 구입하거나 스트리밍을 통해 감상합니다. 컴퓨터에 데이터로 저장된 음악 파일은 언제 어디서나 편리하게 감상할 수 있습니다.

스트리밍(Streaming)
스트림(Stream)은 단어 뜻 그대로 '흐름'을 뜻합니다. 스트리밍(Streaming)은 음악이나 동영상 같은 멀티미디어 파일을 재생하는 방식의 일종입니다. 기존에는 음악이나 동영상 파일을 내 컴퓨터에 다운로드받은 후 실행을 해야 재생할 수 있었습니다. 파일 용량이 크면 기다리는 시간이 오래 걸려 감상하려면 일단 기다려야 했지만, 스트리밍은 인터넷만 연결되어 있다면 내 컴퓨터에 저장할 필요 없이 물 흐르듯이 바로 감상할 수 있습니다. '넷플릭스', '유튜브', '애플뮤직', '멜론' 등 유/무료 형식으로 다양한 스트리밍 서비스를 제공하는 회사들이 있습니다.

동영상이나 영화도 내 컴퓨터에서 바로 감상할 수 있습니다. 음악과 마찬가지로 내 컴퓨터에 저장되어 있는 동영상 파일을 실행시키거나 스트리밍을 통해 감상할 수 있습니다. 음악 파일과 약간의 차이라면 음악 파일은 대부분 MP3라는 파일 형태지만, 동영상 파일은 파일 형태가 다양합니다.

윈도우는 음악과 동영상을 쉽게 감상할 수 있도록 '미디어 플레이어'란 앱을 기본으로 제공하고 있습니다. 하나의 앱 안에서 내 컴퓨터에 있는 음악과 동영상 파일들을 관리하고 감상할 수 있습니다.

▶ '미디어 플레이어' 앱의 화면 구성 알아보기

미디어 플레이어를 처음 실행하면 다음과 같은 화면이 나타납니다.

❶ 재생한 음악과 동영상 목록이 표시됩니다. 또는 '파일 열기'를 통해 '라이브러리'에 없는 미디어 파일이나 폴더를 추가하여 재생할 수 있습니다.

❷ 음악 파일과 동영상 파일을 관리하는 곳으로 윈도우 파일 탐색기의 '라이브러리'와 연동돼 있습니다.

❸ 재생 중인 미디어와 앞으로 재생할 미디어를 자동 또는 수동으로 목록화할 수 있는 곳입니다.

❹ 나만의 재생 목록을 만들 수 있습니다. 예를 들어 가요, 클래식, 80년대 가요, 70년대 팝, 돌잔치 영상, 어머니 생신 축하 영상 등 다양한 이름으로 만들 수 있습니다.

❺ 재생과 관련된 버튼이 표시됩니다.

▲ 음악 라이브러리 화면 구성

① 음악을 곡, 앨범, 아티스트별로 정렬합니다.

② 재생하는 곡의 앨범과 아티스트에 대한 정보가 나옵니다.

③ 무작위 재생 : 여러 곡을 순서에 상관없이 무작위로 재생합니다.

④ 이전 : 이전 곡을 재생합니다.

⑤ 재생/일시 중지 : 곡을 재생(▶)하고 일시 중지(⏸) 할 수 있습니다.

⑥ 다음 : 다음 곡을 재생합니다.

⑦ 반복 재생 : 한 번 클릭하면 '모두 반복'으로 목록 전체를 재생한 후 다시 처음부터 재생합니다. 한 번 더 클릭하면 '한 번 반복'으로 한 곡만 계속 반복 재생합니다.

⑧ 음량 조절 : 미디어의 음량을 조절할 수 있습니다.

⑨ 전체 화면 : 재생 중인 미디어를 화면에 꽉 차게 보여 줍니다. 윈도우의 작업 표시줄까지 감춰주어 동영상 감상 시 유용합니다.

⑩ 미니 플레이어 : 재생 중인 미디어를 컴퓨터 화면의 한쪽에 작게 보여 주어 다른 작업을 병행할 수 있습니다. 단, 미니 플레이어는 다른 작업 창보다 항상 위에 있습니다.

⑪ 다른 옵션 : 재생 미디어 관련 기타 기능들을 제공합니다.

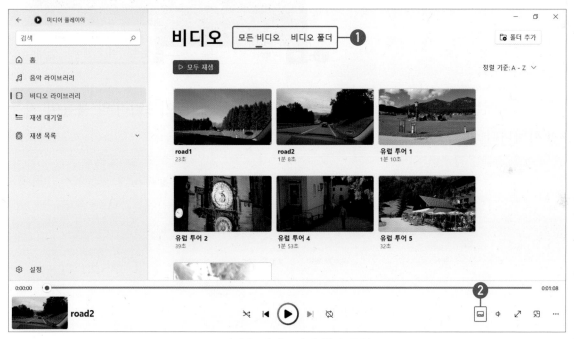

▲ 비디오 라이브러리 화면 구성

① '비디오 폴더'를 선택하면 목록을 컴퓨터에 저장된 폴더별로 분류시켜 보여 줍니다.

② 언어 및 자막 : 동영상에 더빙된 다른 소리가 있거나 자막이 있다면 선택해서 감상할 수 있습니다.

 잠깐

불법 파일에 관해

인터넷을 돌아다니다 보면 원작자가 있고 저작권이 있는 음악이나 영화 콘텐츠를 쉽게 만날 수 있습니다. 공짜로 감상할 수 있어 좋기는 하지만 무턱대고 다운로드받아 감상하는 행위는 엄연히 불법이며, 단속에 걸려 벌금을 물 수도 있습니다. 또한, 검증되지 않은 파일은 치명적인 바이러스나 멀웨어 등이 파일 내에 숨어 있을 수도 있습니다. 그러니 불법 파일은 아예 다운로드를 하지 않는 것이 최선입니다.

미디어 플레이어 다루기

▶ **미디어 플레이어 실행하기**

01 [시작(⊞)] 메뉴에서 '미디어 플레이어' 앱을 찾아 실행합니다.

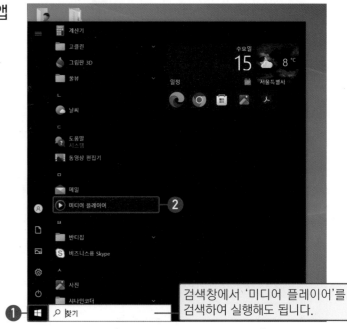

> 검색창에서 '미디어 플레이어'를 검색하여 실행해도 됩니다.

02 미디어 플레이어는 윈도우 라이브러리와 연동되기 때문에 '라이브러리'의 목록이 자동으로 표시됩니다.

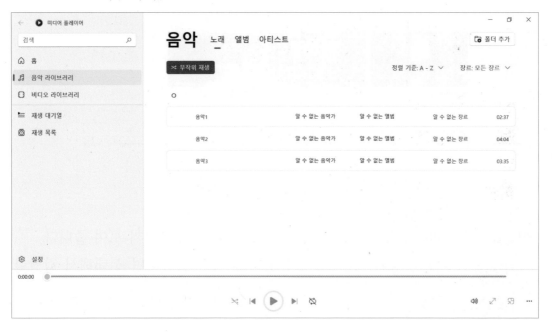

 잠깐

- 02장. **집중도를 높이는 정리정돈**에서 [음악] 폴더를 '음악 라이브러리'에 포함했기 때문에 자동으로 목록에 나와 있습니다.
- 목록에 표시되지 않은 경우 제공하는 자료 중 [예제음악] 폴더의 파일들을 활용하거나 사용자의 컴퓨터에 보관 중인 파일 중 음악 파일이 있는 폴더를 활용하여 실습합니다.

사용자의 윈도우 사용 환경에 따라 앱의 컬러가 다를 수 있습니다. [설정]–[개인 설정]–[앱 테마]에서 원하는 컬러를 설정하면 됩니다.

앱이 안 보여요

'미디어 플레이어' 앱이 사용자 컴퓨터에 없는 경우 Microsoft store에서 설치해야 합니다.

※ Microsoft 계정이 필요할 수 있습니다.

❶ [시작(⊞)] 메뉴에서 [Microsoft store]를 찾아 실행합니다.

❷ 앱이 실행되면 상단의 [검색]에서 '미디어 플레이어'를 검색한 후 결과 목록에서 'Windows 미디어 플레이어'를 클릭합니다.

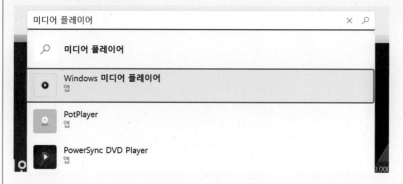

❸ [다운로드] 버튼을 클릭하여 '미디어 플레이어' 앱을 설치합니다.

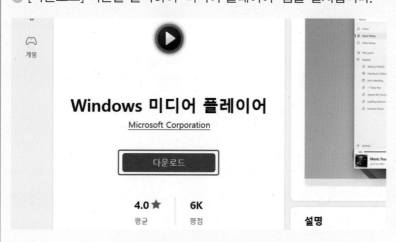

▶ '음악 라이브러리'에 음악 추가하기

01 미디어 플레이어에서 파일 탐색기의 '음악 라이브러리'로 음악을 추가할 수 있습니다. 오른쪽 상단의 [폴더 추가]를 클릭합니다.

02 사용자 컴퓨터에 음악 파일이 저장된 폴더(여기서는 [음악2])를 경로로 지정한 후 [이 폴더를 음악에 추가] 버튼을 클릭합니다.

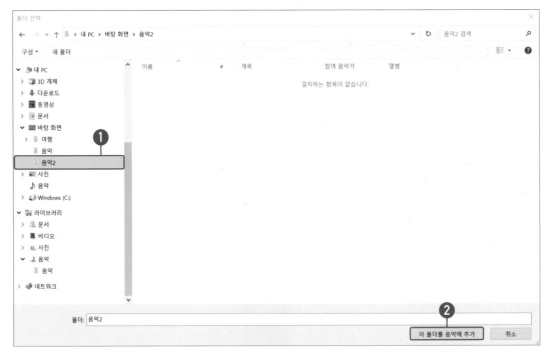

03 음악이 추가된 것을 확인할 수 있습니다. 이번에는 추가한 목록을 '음악 라이브러리'에서 삭제하기 위해 [설정]을 클릭합니다.

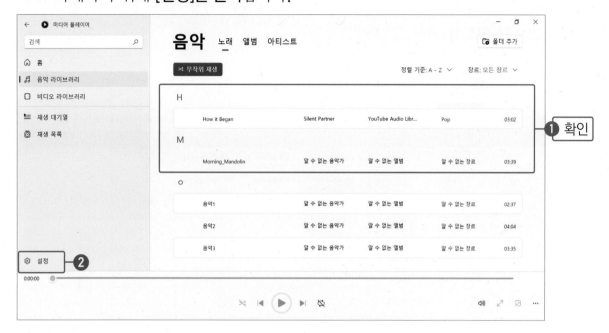

04 설정 화면에서 [음악 라이브러리 위치]를 클릭하여 확장합니다. '음악 라이브러리'에 추가한 '음악2'를 제거하기 위해 ⌧ 를 클릭합니다. 제거 여부를 묻는 창이 뜨면 [폴더 제거] 버튼을 클릭합니다.

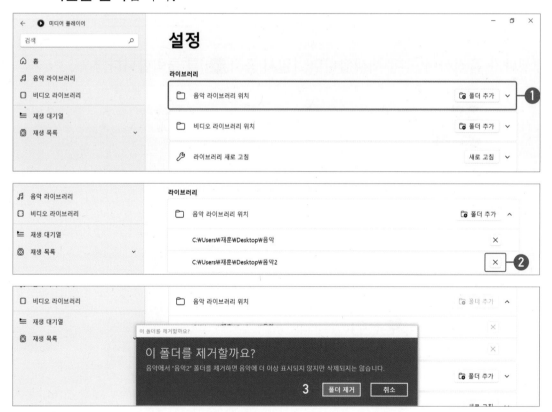

05 추가했던 목록이 삭제된 것을 확인할 수 있습니다.

▶ 음악 감상하기

01 마우스 포인터를 음악 라이브러리 목록의 '음악 1'로 이동하면 숨겨져 있던 버튼이 나타납니다. ▷(재생)을 클릭합니다.

 잠깐 구입한 음악 또는 내가 직접 만든 음악에 태그 및 상세 정보가 함께 저장되어 있다면 앨범 재킷 및 아티스트에 대한 정보들이 나옵니다.

02 하단의 재생바가 움직이며 곡이 재생됩니다. [일시 중지(⏸)]를 클릭합니다.

03 음악이나 동영상 파일을 '라이브러리'에 추가하지 않고 미디어 파일을 바로 실행하여 감상할 수도 있습니다. 음악 파일을 바로 재생하기 위해 [홈]-[파일 열기]를 클릭합니다.

04 음악이 있는 위치를 지정한 후 파일을 선택하고 [열기] 버튼을 클릭합니다.

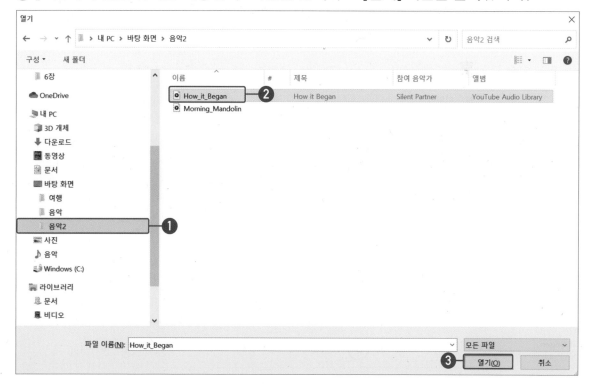

05 음악이 바로 재생되는 것을 확인할 수 있습니다. **[일시 중지(⏸)]를 클릭**하고 ←(뒤로)를
클릭합니다.

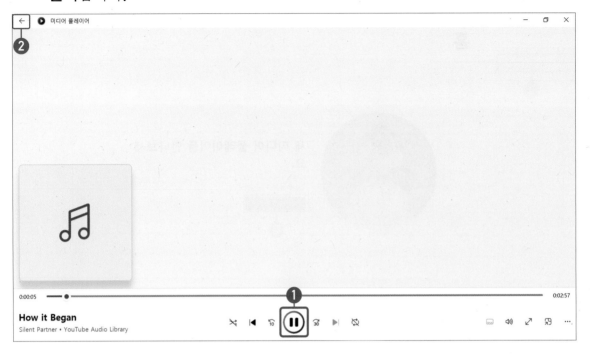

06 재생한 목록을 확인할 수 있습니다. [파일 열기]를 통해 음악을 계속 추가할 수 있고 기
존 목록을 삭제할 수도 있습니다. 추가한 파일을 삭제해 보겠습니다.

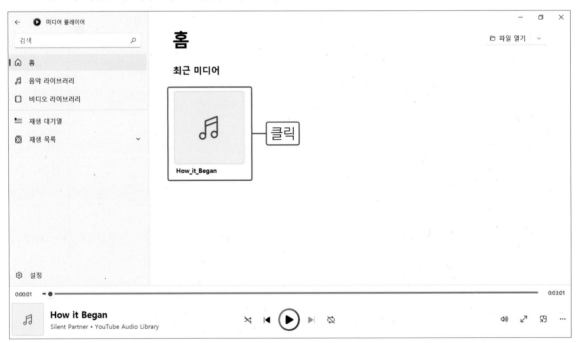

07 마우스 포인터를 음악으로 이동하면 나타나는 ☐(체크 상자)를 클릭합니다. 팝업되는 메뉴에서 [제거]를 클릭하면 추가됐던 음악이 삭제됩니다.

▶ 나만의 재생 목록 만들기 1

01 왼쪽의 [재생 목록]을 클릭합니다. 아직 만들어 놓은 항목이 없어 비어 있습니다. [새 재생 목록 만들기]를 클릭합니다.

02 재생 목록의 이름을 '가벼운 경음악'이라고 입력하고 [재생 목록 만들기] 버튼을 클릭합니다.

03 [재생 목록]에 '가벼운 경음악'이 추가된 것을 확인할 수 있습니다. [가벼운 경음악]을 클릭합니다.

04 '가벼운 경음악' 재생 목록에 음악을 추가하기 위해 [음악 라이브러리]를 클릭한 후 음악 목록 전부를 체크합니다. 팝업 메뉴에서 [추가]를 클릭한 후 [가벼운 경음악]을 선택합니다.

05 재생 목록의 [가벼운 경음악]을 클릭하면 음악이 추가된 것을 확인할 수 있습니다.

▶ 나만의 재생 목록 만들기 2

01 음악을 듣다 보면 어떤 곡들은 나의 애장 목록에 모아 놓고 나중에 다시 듣고 싶을 때가 있습니다. 재생 목록의 '가벼운 경음악'에서 '음악2'를 재생한 후 '음악2'를 마우스 오른쪽 버튼으로 클릭하고 [추가]-[새 재생 목록]을 선택합니다.

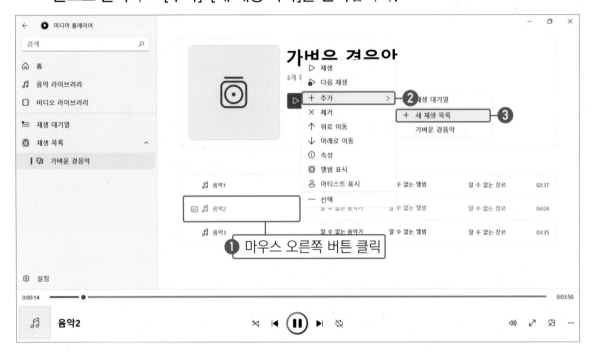

02 [새 재생 목록에 추가] 창이 나타나면 '좋아하는 음악'이라고 입력하고 [만들기] 버튼을 클릭합니다.

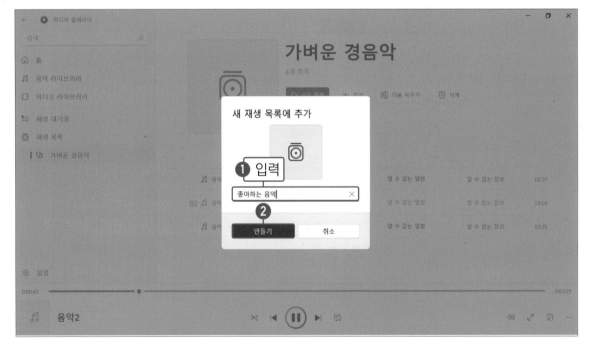

03 [재생 목록]에 '좋아하는 음악'이 추가된 것을 확인합니다. 목록을 클릭하면 재생 중이었던 '음악2'가 재생 목록에 포함된 것을 확인할 수 있습니다.

▶ '비디오 라이브러리'에서 동영상 관리하고 감상하기

01 미디어 플레이어에서 [비디오 라이브러리]를 클릭합니다. 음악과 마찬가지로 동영상 파일이 정렬되어 있습니다. 라이브러리 추가와 삭제, 동영상 파일 추가 등은 모두 음악 미디어를 다룰 때와 똑같습니다.

- **02장. 집중도를 높이는 정리정돈**에서 [동영상 모음] 폴더를 '비디오 라이브러리'에 포함했기 때문에 자동으로 목록에 나타납니다.
- 목록에 표시되지 않는 경우 제공하는 자료 중 [예제동영상] 폴더의 파일들을 활용하거나 사용자의 컴퓨터에 보관 중인 파일 중 동영상 파일이 있는 폴더를 활용하여 실습합니다.

02 목록 중 재생할 **동영상 하나를 클릭**합니다.

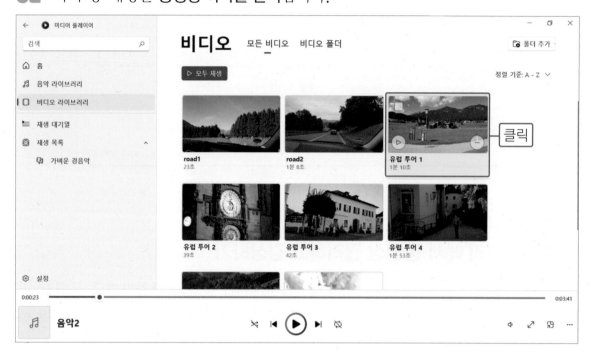

03 동영상이 재생됩니다. 왼쪽 상단의 ←(뒤로)를 클릭하면 다시 '비디오 라이브러리' 목록으로 돌아갑니다.

04 왼쪽 하단에 작은 화면으로 동영상이 계속 재생되고 있습니다. **목록에서 다른 동영상을 클릭**하면 선택한 동영상으로 바뀌어 재생됩니다.

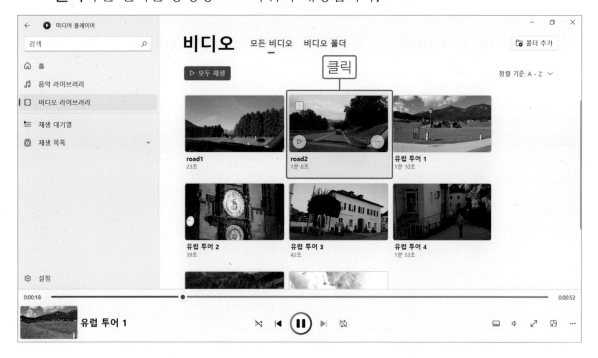

05 플레이어 오른쪽 하단의 [미니 플레이어(⤢)]를 클릭합니다. 영상이 작은 화면으로 재생됩니다. [미니 플레이어 종료(⤢)]를 클릭하면 원래 뷰로 돌아옵니다.

01 미디어 플레이어에서 '음악 라이브러리'의 음악 중 하나를 재생 목록 '좋아하는 음악'에 추가해 봅니다.

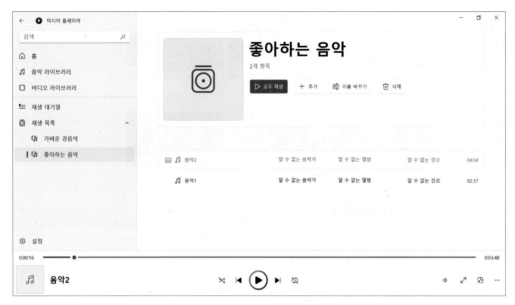

02 미디어 플레이어의 재생 목록 중 '가벼운 경음악'에서 음악 하나를 삭제해 봅니다.

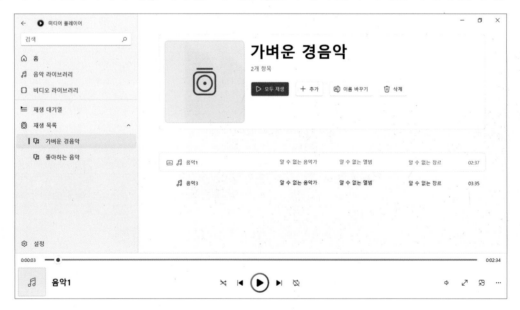

03 미디어 플레이어에서 '로드뷰'라는 재생 목록을 만든 후 '비디오 라이브러리'에 있는 동영상 목록 중 세 개를 추가해 봅니다.

04 '비디오 라이브러리'에 있는 동영상 하나(여기서는 '유럽 투어 3')를 삭제해 봅니다.

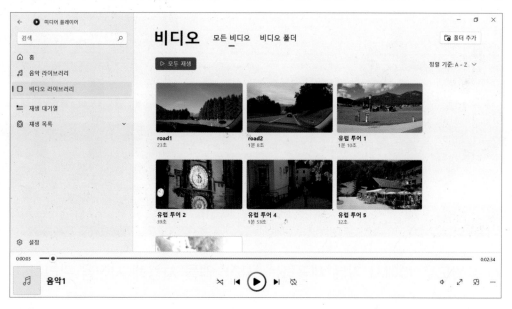

 음악 또는 비디오 라이브러리에 있는 파일의 삭제는 윈도우 파일 탐색기의 '라이브러리'에서 합니다.

07 사진 관리와 보정

- ‘사진’ 앱
- 자르기
- 필터 적용하기
- 노출 조절
- 색감 조절
- 슬라이드 쇼

미/리/보/기

📁 준비파일 : [예제사진] 폴더

이번 장에서는 윈도우 10에서 기본 제공하는 ‘사진’ 앱을 사용해 사진을 관리하고 슬라이드 쇼를 해본 후 사진의 색감이나 노출 등을 보정하는 간단한 리터칭 방법을 배우겠습니다.

01 사진(이미지) 관리를 위한 앱

▶ 사진 촬영과 관리 도구

스마트폰 내장 카메라의 성능은 놀라울 정도로 발전하여 스마트폰으로 촬영한 사진이나 영상으로 콘텐츠를 제작하고 배포하는 사람들이 많아졌습니다. 스마트폰으로 충분히 멋진 작품을 만들 수 있지만, 촬영만으로 무언가가 저절로 만들어지는 것은 아닙니다. 정성 들여 촬영한 사진과 영상들을 관리할 도구가 필요합니다.

윈도우에서는 사진을 관리하고 감상할 수 있는 '사진' 앱을 기본으로 제공하고 있습니다. 사진 앱을 통해 수많은 사진을 손쉽게 분류하고 검색할 수 있으며, 간단한 보정과 필터 효과를 추가하여 사진을 리터칭할 수 있습니다.

▶ '사진' 앱의 화면 구성 살펴보기

윈도우의 [시작(⊞)] 메뉴에서 '사진' 앱을 찾아 실행하면 다음과 같은 창이 나타납니다. 사진 앱 역시 라이브러리와 연동되기 때문에 '라이브러리'에 추가했던 사진들이 나타납니다.

❶ 모든 사진 : 사진 앱에 등록된 사진 전부가 오른쪽 '갤러리'에 나타납니다. 사진과 동영상 모두 표시되며 정렬 및 배치를 사용자가 손쉽게 할 수 있습니다. 사진 또는 동영상을 더블 클릭하면 단독 화면으로 전환되며 감상 및 수정할 수 있습니다.

❷ OneDriver : 네이버 MYBOX와 같이 마이크로소프트에서 제공하는 클라우드 저장소입니다. 사용하려면 마이크로소프트 계정이 필요하며 용량에 따라 추가 금액이 들 수도 있습니다.

❸ 즐겨찾기 : 마음에 드는 사진에 하트를 표시하면 즐겨찾기에 따로 분류됩니다.

❹ 사진 또는 동영상이 있는 폴더를 추가하거나 삭제할 수 있습니다.

❺ 슬라이드 쇼 : 폴더별 또는 선택한 사진을 슬라이드 쇼 형식으로 보여 줍니다.

❻ 정렬 : 사진을 날짜, 가나다순으로 정렬할 수 있습니다.

❼ 필터 : 사진과 동영상을 분리해서 볼 수 있습니다.

❽ 갤러리 유형 및 크기 : 갤러리의 사진을 다양한 스타일로 전시할 수 있습니다.

❾ 가져오기 : 컴퓨터에 디지털 카메라나 스마트폰이 연결되어 있으면 표시됩니다.

❿ 설정 : 사진 앱의 컬러를 비롯해 다양한 옵션을 설정할 수 있습니다. '사진 레거시' 앱을 다운로드할 수 있습니다.

⑴ 사진 정리하고 관리하기

▶ 사진 앱으로 사진 관리하고 슬라이드 쇼 만들기

01 윈도우 [시작(⊞)] 메뉴에서 '사진' 앱을 찾아 **실행합니다.**

02 사진 앱이 실행되면 갤러리에 라이브러리와 연동된 사진들을 볼 수 있습니다. 사진을 추가하기 위해 왼쪽 목록에서 [폴더]를 선택하고 [폴더 추가]를 클릭합니다.

 잠깐

- 폴더 추가 시 사진 앱에 바로 반영되지 않을 수 있습니다. 그럴 때는 사진 앱을 종료했다 다시 실행하면 추가한 폴더가 반영되어 나타납니다.
- 사진 앱에서 폴더를 제거하고 싶을 때는 폴더를 마우스 오른쪽 버튼으로 클릭한 후 팝업되는 메뉴에서 [폴더 제거]를 선택합니다.

03 사용자 컴퓨터에서 추가할 **사진이 있는 폴더**(여기서는 '동네')를 **선택**한 후 [폴더 선택] 버튼을 클릭합니다.

04 사진 앱에 '동네' 폴더와 갤러리에 새로운 사진들이 추가된 것을 확인할 수 있습니다.

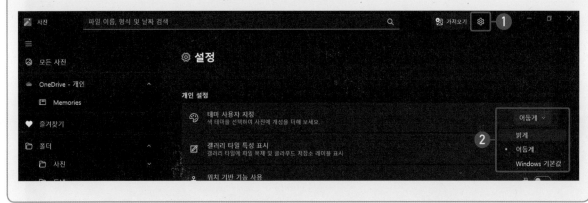

05 **02~03**과 같은 방법으로 예제로 제공된 동영상 폴더를 추가해 봅니다. 동영상 파일도 불러와 사진 앱에서 감상할 수 있습니다.

06 갤러리에 불려온 사진과 동영상을 한눈에 보기 위해 [갤러리 유형 및 크기(█)]-[작게]를 선택합니다.

07 갤러리에서 동영상을 제외한 사진만 보기 위해 [필터(▼)]-[사진]을 선택합니다.

08 갤러리의 사진을 다른 순서로 정렬하기 위해 [정렬(↑↓)]-[만든 날짜]를 클릭합니다.

09 정리된 갤러리에서 보고 싶은 **사진 하나를 더블 클릭**합니다.

10 뷰어 창이 새로 나타나면서 사진을 감상할 수 있습니다. 상단 메뉴에서 [즐겨찾기에 추가(♥)]를 클릭합니다. 사진을 앞뒤로 넘기면서 **3~4장을 즐겨찾기에 추가**해 봅니다. 오른쪽 상단의 ✕(닫기)를 클릭하여 창을 닫습니다.

11 사진 앱으로 돌아와 [즐겨찾기]를 클릭하면 **10**에서 즐겨찾기한 사진들이 갤러리에 보이는 것을 확인할 수 있습니다. [슬라이드 쇼 시작(▶)]을 클릭합니다.

12 '즐겨찾기'에 분류된 사진이 전체 화면으로 순차적으로 나타나는 슬라이드 쇼가 진행됩니다.

[슬라이드 쇼 종료]를 클릭하면 슬라이드 쇼를 마치고 사진 앱으로 돌아갑니다.

03 사진 보정하기

▶ 사진 자르기

01 사진 앱의 갤러리 화면에서 보정할 사진(여기서는 '유럽 15')을 더블 클릭합니다.

더블 클릭

사진 위로 마우스 포인터를 가져가면 파일 이름이 보입니다.

02 뷰어가 실행됩니다. 사진 속 인물이 너무 멀리 있어 잘 보이지 않아 배경을 잘라내고 인물이 더 잘 보이게 편집해 보겠습니다. 상단 메뉴에서 [이미지 편집(📷)]을 클릭합니다.

03 편집 화면이 실행됩니다. 사진을 비율에 맞춰 자르기 위해 하단의 [자유]를 클릭합니다.

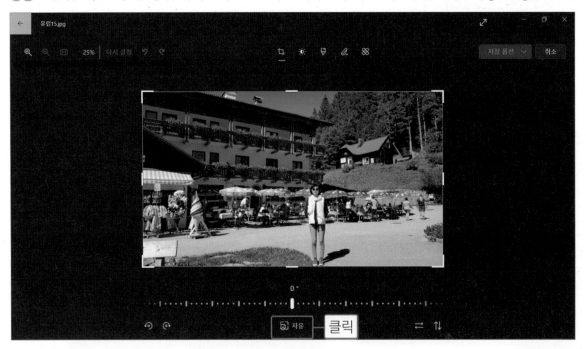

04 하단 메뉴에서 [3:2]를 선택하면 프레임 비율이 바뀝니다.

05 프레임 안에서 **마우스 휠을 돌려가며 크기를 조절하고 드래그하여** 위치를 이동하면서 적당한 크기와 위치를 잡습니다.

06 보정한 사진을 저장하기 위해 [저장 옵션]-[복사본으로 저장]을 선택합니다.

 잠깐

- [저장]을 선택하면 보정한 사진이 원본 사진에 덮어쓰기가 되어 원본 사진이 사라지고 보정한 사진만 저장됩니다.
- [클립보드로 복사]를 선택하면 사진이 복사되어 다른 앱에 붙여넣기 할 수 있습니다.

07 뷰어에 보정한 사진이 나타나면 확인한 후 뷰어를 닫습니다.

08 사진 앱으로 돌아오면 '갤러리'에 보정한 사진이 추가된 것을 확인할 수 있습니다.

▶ 사진 회전하고 효과주기

01 사진 앱에서 보정할 사진(여기서는 '유럽17')을 선택해 뷰어가 실행되면 상단 메뉴에서 [이미지 편집(🖼)]을 클릭합니다. 사진이 약간 기울어져 있고 인물에 비해 건물이 너무 높고, 건물의 푸른색 톤 때문에 전반적으로 차가워 보입니다.

02 사진 상단의 가운데 **흰색 바를 아래로 드래그**하여 윗부분을 적당히 자릅니다. 그리고 아래의 [슬라이드]를 왼쪽으로 살짝 드래그(수치 0.6 정도)하여 기울기를 조절합니다. 효과를 주기 위해 [필터(🔅)]를 클릭합니다.

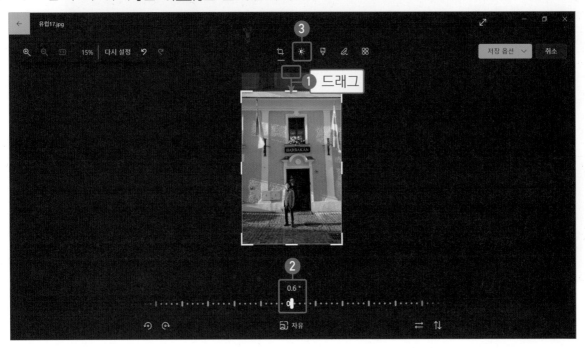

03 '필터' 화면이 나타나면 오른쪽 필터 모음에서 [금색]을 선택하고 [강도]는 드래그하여 60 정도로 설정합니다.

04 사진을 마우스 왼쪽 버튼으로 **길게 누르면** 원본 사진이 나타나며 **보정 전과 후를 비교해** 볼 수 있습니다. **복사본을 저장**하고 마무리합니다.

▶ 사진 컬러 보정하기

01 사진 앱에서 '동네1' 사진을 선택합니다. 사진을 보면 전반적으로 누르스름한 톤이 돌아 숲의 시원한 느낌이 들지 않습니다. '조정' 기능으로 톤을 보정해 보겠습니다. [이미지 편집(🖼)]을 클릭합니다.

02 [조정(⊙)]을 클릭하여 화면을 전환시킵니다. 오른쪽에 있는 **슬라이드들을 드래그하여** 그림과 같이 수치를 조정합니다.

03 조정이 끝났으면 사진을 마우스로 길게 클릭하면 나타나는 원본 사진과 비교한 후 저장합니다.

응용력 키우기

01 사진 앱을 열고 모든 갤러리의 배치를 '찍은 날짜'별, '사진'만, '정사각형' 유형으로 설정해 봅니다.

02 '유럽14' 사진을 선택하여 아랫부분을 잘라내고 저장해 봅니다. `준비파일` [예제사진] 폴더

03 '유럽18' 사진을 선택한 후 [이미지 편집(🖼)]에서 흑백으로 만들고 사진의 가장자리를 어둡게 만든 후 저장해 봅니다.

04 7장에서 보정한 사진을 별도의 폴더에 모은 후 사진 앱에 추가해 봅니다.

08 나도 이제 크리에이터

- '사진 레거시' 앱
- 영상 회전 및 자르기
- 이미지로 영상 제작
- 배경 음악 삽입 및 변경
- 동작 효과 적용
- 재생 시간 조정
- 영상 합성
- 사용자 지정 오디오
- 텍스트 추가

미/리/보/기

📁 준비파일 : [예제동영상] 폴더, [예제사진] 폴더, [예제음악] 폴더

시중에는 무료부터 고가의 상업용까지 매우 다양한 영상 편집 소프트웨어들이 나와 있습니다. 사용자의 취향과 목적에 맞게 선택하여 기능을 익히면 됩니다. 이번 장에서는 가볍게 영상을 편집해 볼 수 있는 '사진 레거시' 앱을 설치해서 영상을 편집하고, 사진으로 영상을 만들어 편집해 보겠습니다.

'사진 레거시' 앱은 '사진' 앱의 이전 버전으로 사진을 빠르게 믹싱하고 배경 음악을 추가하면 꽤 그럴싸한 동영상을 제작할 수 있습니다. 영상을 편집할 수 있는 프로그램은 많지만, 영상 작업이 처음인 초보자라면 사용법이 간단한 '사진 레거시' 앱을 사용해 보는 것이 좋습니다.

▶ '사진 레거시' 앱의 화면 구성 살펴보기

윈도우 [시작(⊞)] 메뉴에서 '사진 레거시' 앱을 실행하면 다음과 같은 창이 나타납니다. '사진 레거시' 앱 역시 윈도우 라이브러리와 연동됩니다.

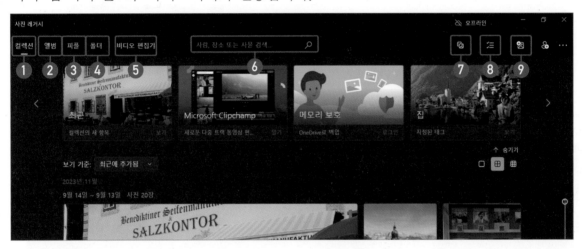

❶ **컬렉션** : 타일 형식으로 정렬된 사진들이 날짜별로 배치되어 있으며 사진들과 동영상, 앨범 및 비디오 프로젝트를 한 번에 볼 수 있습니다.

❷ **앨범** : 네이버 MYBOX처럼 앨범을 만들고 사진을 정리해 둘 수 있습니다.

❸ **피플** : 윈도우의 인공지능이 얼굴을 분석하여 사람별로 정리해 줍니다. 윈도우에 사용자의 연락처가 등록되어 있으면 이름과 함께 정리합니다.

❹ **폴더** : 사진이 있는 폴더를 추가하거나 삭제할 수 있습니다.

❺ **비디오 편집기** : 동영상 및 사진을 음악 등과 함께 편집할 수 있습니다.

❻ **검색 창** : 사진과 동영상을 파일 이름은 물론 장소나 사물로도 검색할 수 있습니다.

❼ **새로 만들기** : '비디오 편집기'와 동일하게 사용자가 직접 영상물을 제작하거나 앱이 자동으로 믹싱하여 동영상을 제작할 수 있습니다.

❽ **선택** : 사진과 동영상을 골라서 새 비디오를 만들거나 앨범에 추가, 인쇄, 공유, 복사, 삭제할 수 있습니다.

❾ **가져오기** : 사진이나 동영상이 있는 폴더 또는 디지털 카메라, 외장 저장 장치 등을 추가할 수 있습니다.

02 사진 레거시 설치하고 영상 편집하기

▶ '사진 레거시' 앱 설치하기

01 '사진 레거시' 앱은 '사진' 앱과 달리 윈도우에 기본으로 설치되어 있지 않아 추가로 설치해야 합니다. 윈도우 [시작(⊞)]−[사진] 앱을 선택한 후 ⚙(설정)을 클릭하고 [사진 레거시]−[사진 레거시 받기]를 클릭합니다.

02 Microsoft Store가 실행되고 [다운로드] 버튼을 클릭하면 파일이 다운로드 되면서 설치됩니다.

▶ 영상 불러오기

01 [시작(⊞)] 메뉴에서 [사진 레거시]를 선택합니다.

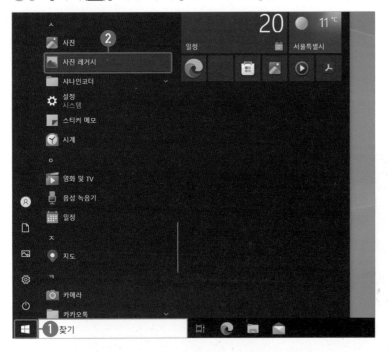

02 사진 레거시가 실행되면 '컬렉션'에서 동영상을 선택하거나 [가져오기(⊡)]-[폴더에서 가져오기]를 선택해 동영상을 불러옵니다.

03 [폴더 선택] 대화상자가 나타나면 라이브러리에 추가해 둔 **동영상 폴더**(여기서는 [라이브러리]-[비디오]-[동영상 모음])를 찾습니다. [이 폴더에서 항목 가져오기] 버튼을 클릭하여 폴더를 추가합니다.

 • '사진' 앱은 라이브러리와 연동되어 자동으로 [사진] 폴더를 인식해 파일을 불러오지만, [동영상] 폴더는 사용자가 직접 추가해야 합니다.
• **02장. 집중도를 높이는 정리정돈**에서 [동영상 모음] 폴더를 '라이브러리'에 포함시켰기 때문에 목록에서 확인할 수 있습니다.
• 목록에 표시되지 않는 경우 제공하는 자료 중 [예제동영상] 폴더의 파일을 활용하거나 사용자의 컴퓨터에 있는 임의의 동영상 파일이 들어 있는 폴더를 활용하여 실습합니다.

04 컬렉션에 동영상이 추가된 것을 확인할 수 있습니다.

 간혹 컴퓨터에 따라 동영상이 [컬렉션] 탭에서 보이지 않기도 하는데, 보통 폴더의 이름을 바꾸면 해결됩니다. [동영상 모음] 폴더의 경우 이름을 'Video'나 띄어쓰기 없이 '동영상모음'으로 바꿔 보세요.

▶ 영상 편집하기

01 [컬렉션] 탭에서 동영상 '퍼레이드.mp4'를 클릭합니다.

02 동영상이 재생됩니다. 선택한 영상의 화면이 세로 방향으로 되어 있어 보기 불편해 수정 편집해 보겠습니다. ←(뒤로)를 클릭해 컬렉션 화면으로 돌아갑니다.

03 영상 위로 마우스 포인터를 이동하면 상단에 ☐ 표식이 나타납니다. ☐를 체크한 후 [새로 만들기(🖼)]-[새 비디오 프로젝트]를 클릭합니다.

새로 만들기(🖼)의 상세 메뉴

① 새 비디오 프로젝트 : 편집할 영상의 프로젝트를 만듭니다.

② 자동 비디오 : 윈도우가 자동으로 만드는 영상으로 사용자는 사진이나 영상을 선택만 하면 됩니다.

③ 백업 가져오기 : 미완성되었거나 수정하고 싶어 백업해 둔 프로젝트를 불러와 재편집할 수 있습니다.

④ 앨범 : 사용자가 선택한 사진들로 앨범을 만들 수 있습니다.

04 [비디오 이름 지정] 대화상자가 나타나면 '영상수정'이라고 입력한 후 [확인] 버튼을 클릭합니다.

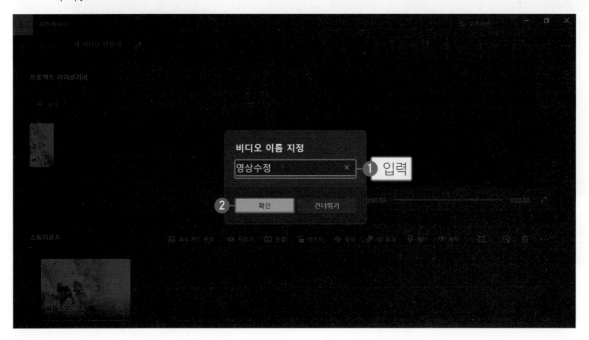

05 프리뷰 모니터에서 ▶(재생) 버튼을 클릭해 영상을 재생한 후 5초 정도에서 ⏸(일시 중지) 버튼을 클릭해 멈추고 스토리보드에서 🔄(회전)을 세 번 클릭합니다.

 잠깐 Space Bar 키 또는 K 키를 한 번씩 누를 때마다 재생과 일시 중지가 반복됩니다.

06 ▶(재생) 버튼을 클릭해 화면이 정상으로 재생되는 것을 확인한 후 ⏸(일시 중지) 버튼을 클릭합니다. 슬라이더(◯)를 드래그하여 재생시간 4.7초 정도로 이동합니다. 영상 앞부분의 손으로 렌즈를 가린 부분을 편집해 보겠습니다. [자르기(◫◫)]를 클릭합니다.

07 화면이 바뀌고 하단에 **I** 포인터가 나타납니다. 왼쪽 **I**(자르기의 시작)을 검색 위치로 드래그하여 이동한 후 [완료] 버튼을 클릭합니다.

08 수정된 동영상을 별도의 파일로 만들기 위해 **[비디오 마침]**을 클릭합니다. [비디오 마침] 대화상자가 나타나면 [비디오 화질]은 '높음 1080P(권장)'으로 그대로 두고 **[내보내기]** 버튼을 클릭합니다.

09 [다른 이름으로 저장] 대화상자가 나타나면 동영상을 **저장할 폴더를 지정**(여기서는 [라이브러리]–[비디오]–[동영상 모음])한 후 [파일 이름]은 '**퍼레이드–수정**'이라고 입력하고 [내보내기] 버튼을 클릭합니다.

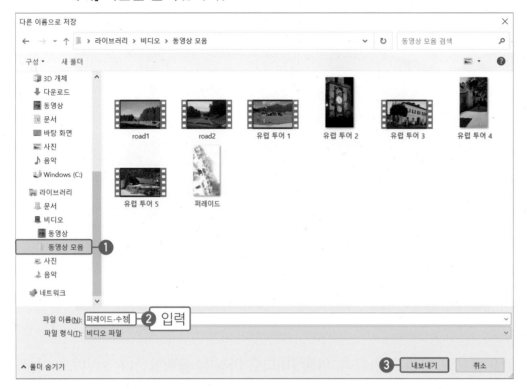

 폴더에 별도의 동영상 파일이 만들어진 것을 확인할 수 있습니다.

10 렌더링이 끝나면 미리 보기가 자동 재생됩니다. 영상을 확인한 후 ⊠(닫기) 버튼을 클릭해 종료합니다.

사진으로 영상 만들고 편집하기

▶ 사진으로 영상 만들기

01 [컬렉션] 탭에서 영상으로 만들 사진들(여기서는 [사진 모음] 폴더의 파일 전부)을 체크한 후 [새로 만들기()]-[새 비디오 프로젝트]를 클릭합니다.

잠깐 목록에 사진이 표시되지 않은 경우 제공하는 자료 중 [예제사진] 폴더의 파일들을 활용하거나 사용자의 컴퓨터에 보관 중인 파일 중 임의의 사진 파일이 들어 있는 폴더를 활용하여 실습합니다.

02 [비디오 이름 지정] 대화상자가 나타나면 '오~스트리아'라고 입력한 후 [확인] 버튼을 클릭 합니다.

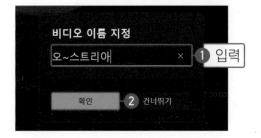

03 프리뷰 모니터에서 ▶(재생) 버튼을 클릭해 영상을 확인합니다. 사진이 3초씩 순서대로 재생되는 것을 확인한 후 ▌▌(일시 중지) 버튼을 클릭합니다.

04 드래그하여 사진을 원하는 순서로 배치합니다.

05 중복되는 사진이나 영상에 담고 싶지 않은 **사진을 선택**한 후 **마우스 오른쪽 버튼을 클릭**해
[이 사진 제거]를 클릭합니다.

 사진을 제거할 때는 스토리보드에서 사진을 선택한 후 Delete 키를 눌러도 됩니다.

06 [배경 음악]을 클릭합니다.

07 [배경 음악 선택] 대화상자가 나타나면 배경 음악 목록을 아래로 내려 'Come with me'를 선택합니다. ▶(재생) 버튼을 클릭해 들어본 후 마음에 드는 곡을 선택해도 됩니다. '비디오를 음악 비트와 동기화'에 체크하고, [음악 볼륨]을 '70' 정도로 조정한 후 [완료] 버튼을 클릭합니다.

 음악 볼륨은 현재 컴퓨터 볼륨이 아니라 영상에 들어가는 음악 볼륨을 설정하는 것입니다.

08 사진들의 **재생 시간이 변경된 것을 확인**합니다. 프리뷰 모니터에서 ▶(재생) 버튼을 클릭해 음악의 비트에 맞춰 영상이 진행되는 것을 확인합니다.

09 사진이 고정되어 있어 경직된 느낌이라 사진에 약간의 움직임을 주겠습니다. **첫 번째 사진을 선택**하고 **[동작(⬦)]을 클릭**합니다.

10 오른쪽의 [동작] 목록에서 '**왼쪽에서 확대**'를 선택한 후 ▶(재생) 버튼을 클릭해 확인합니다. 동작(애니메이션) 효과가 마음에 들면 [완료] 버튼을 클릭합니다.

11 두 번째 사진을 선택하고 [동작()]을 클릭합니다.

12 [동작] 목록에서 '위로 기울이기'를 선택한 후 ▶(재생) 버튼을 클릭해 확인합니다. [완료] 버튼을 클릭합니다.

13 두 번째 사진에서 [시간(⏱)]을 클릭합니다. 시간을 '2'초로 조절합니다.

14 같은 방법으로 나머지 사진들의 시간과 동작을 수정합니다. 작업이 끝나면 [비디오 마침 (⤴)]–[내보내기]를 클릭합니다.

15 [다른 이름으로 저장] 대화상자가 나타나면 동일한 폴더에 **파일 이름을 '오~스트리아 2019'** **로 입력**하고 [내보내기] 버튼을 클릭합니다.

16 자동 재생 화면의 영상을 확인한 후 ⊠(**닫기**) 버튼을 클릭해 종료합니다.

▶ 동영상 자르고 붙이기

01 [프로젝트 라이브러리]에서 [추가]-[컬렉션에서]를 클릭합니다.

02 추가할 동영상을 선택(여기서는 'road1.mp4')하고 [추가] 버튼을 클릭합니다.

03 추가된 동영상(여기서는 'road1.mp4')을 스토리보드의 맨 앞으로 드래그합니다.

04 영상의 시간이 자동으로 변경됩니다. 프리뷰 모니터에서 ▶(재생) 버튼을 클릭해 확인합니다. 예제 영상의 경우 재생 시간이 길고 소리가 들어가 있어 수정할 필요가 있습니다.

05 스토리보드에 있는 영상(여기서는 'raod1.mp4')의 🔊(볼륨 조정) 아이콘을 두 번 클릭하여 음소거합니다. 아이콘의 모습이 🔇으로 변경됩니다. 영상 속의 소리가 음소거된 것을 확인한 후 [자르기(🎬)]를 클릭합니다.

06 ▌(자르기의 끝) 포인터를 드래그하여 이동해 영상의 재생 시간을 '8'초 정도로 조정합니다. [완료] 버튼을 클릭합니다.

07 [텍스트(▣)]를 클릭합니다.

08 텍스트 입력란에 '오~~~~스트리아'라고 입력하고 [애니메이션 텍스트 스타일]은 '즐거움', [레이아웃]은 '타이틀 1'을 선택합니다. ▶(재생) 버튼을 클릭해 확인합니다.

09 영상이 재생되고 잠시 후에 타이틀이 나타나도록 **I**(자르기의 시작)과 **I**(자르기의 끝)을 드래그하여 위치를 조절합니다. **▶**(재생) 버튼을 클릭해 확인하면서 조절한 후 [완료] 버튼을 클릭합니다.

▶ 원하는 음악으로 배경 음악 교체하기

01 [배경 음악(♫)]을 클릭합니다. [배경 음악 선택] 대화상자가 나타나면 배경 음악을 '없음'으로 선택하고 [완료] 버튼을 클릭합니다.

02 [사용자 지정 오디오(🎵)]를 클릭합니다.

03 [오디오 파일 추가] 버튼을 클릭합니다. [열기] 대화상자가 나타나면 삽입하고 싶은 **음악 파일**(여기서는 [라이브러리]의 [음악] 폴더에서 '음악2.mp3')을 찾아 선택하고 [**열기**] 버튼을 클릭합니다.

 잠깐 [라이브러리]의 [음악] 폴더에 음악이 없다면 제공하는 자료 중 [예제음악] 폴더의 파일들을 활용하거나 사용자의 컴퓨터에 보관 중인 파일 중 임의의 음악 파일을 활용하여 실습합니다.

04 오디오 클립을 영상의 전체 구간에 맞춰 조정한 후 ▶(재생) 버튼을 클릭해 확인합니다.
[완료] 버튼을 클릭합니다.

05 ▶(재생) 버튼을 클릭합니다. 수정할 부분이 있으면 수정한 후 [비디오 마침(⬈)]을 클릭해
'오~~~~스트리아'라는 이름으로 내보내기하고 영상을 확인합니다.

06 ✕(닫기) 버튼을 클릭해 종료합니다.

01 앞에서 실습한 '오~스트리아' 비디오 프로젝트를 열어 '퍼레이드-수정.mp4' 동영상을 추가해 다음과 같이 만들어 봅니다.

> • **영상 삽입 위치 :** 스토리보드 중간(33초 정도)
> • **볼륨 조정 :** 음소거
> • **동영상 길이 :** 10초
> • **텍스트 입력 및 효과 :** '가을 축제', [모험], [아래쪽]

02 문제 **01**의 프로젝트에서 [라이브러리]의 [음악] 폴더에 있는 '음악3.mp3' 파일을 불러온 후 두 개의 음악을 연결시켜 봅니다. '가을 축제' 타이틀이 시작되는 부분에서 '음악2'가 끝나고 '음악3'이 시작하도록 해봅니다.

[라이브러리]의 [음악] 폴더에 음악이 없다면 제공하는 자료 중 [예제음악] 폴더의 파일들을 활용하거나 사용자의 컴퓨터에 보관 중인 파일 중 임의의 음악 파일을 [사용자 지정 오디오]에서 가져와 문제를 풀어 봅니다.

09 알아두면 좋은 쓸모있는 앱

- ‘스티커 메모’ 앱
- 새 메모
- 메모 서식 변경
- 메모에 그림 삽입
- 메모 삭제
- ‘날씨’ 앱
- 날씨 확인
- 즐겨 찾는 장소의 날씨

미/리/보/기

2% 부족함을 채워주는 앱들이 있습니다. 없을 때도 큰 불편은 없지만, 막상 필요할 때 요긴하게 쓰이는 앱들입니다. 이번 장에서는 윈도우 10에 기본 내장되어 있는 ‘스티커 메모’ 앱과 ‘날씨’ 앱을 알아보겠습니다.

‘스티커 메모’와 ‘날씨’ 앱 알아보기

▶ 간단한 일정을 기록할 때 필요한 ‘스티커 메모’ 앱

‘포스트 잇’이라 불리는 스티커 메모를 사용해 본 적이 있을 것입니다. 스티커 메모는 짧은 내용을 적고, 눈에 띄는 곳에 붙여 놨다 쉽게 버릴 수 있어 편리한 도구입니다. 윈도우 10에는 포스트 잇처럼 바탕 화면에 착 붙어 편리하게 입력했다 지웠다를 할 수 있는 ‘스티커 메모’ 앱이 있습니다. 일일이 문서 앱을 불러와 작성하고 저장 장치에 저장하지 않아도 됩니다. 또한 앱을 닫거나 메모를 삭제하지 않는 한 컴퓨터를 재부팅하더라도 바탕 화면에 계속 붙어 있습니다.

[시작(⊞)]–[스티커 메모]를 선택하면 다음과 같은 형태의 메모가 나타납니다.

❶ 새 메모 : 스티커 메모를 추가합니다.

❷ 메뉴 : 메모의 색 바꾸기, 노트 목록 불러오기, 메모 삭제를 할 수 있습니다.

❸ 굵게 : 글꼴을 굵게 표현합니다.

❹ 기울임꼴 : 글꼴을 기울임꼴로 표현합니다.

❺ 밑줄 : 글에 밑줄을 표시합니다.

❻ 취소선 : 글에 취소선을 긋습니다.

❼ 글머리 기호 전환 : 글머리 서식을 만듭니다.

❽ 이미지 추가 : 이미지를 추가합니다.

▶ 일정을 계획할 때 필요한 '날씨' 앱

장마철이나 봄, 가을처럼 날씨 변화가 많을 때는 미리 날씨를 파악해 두면 도움이 됩니다. 윈도우 10의 '날씨' 앱은 자신이 설정한 지역의 일주일 날씨, 시간별 오늘의 날씨를 알려 줍니다. 날씨뿐만 아니라 습도와 자외선 지수, 강수량 등도 알아볼 수 있습니다.

[시작(⊞)]-[날씨]를 선택하면 다음과 같은 창이 나타납니다.

❶ 새로 고침 : 날씨 상태를 업데이트하여 실시간으로 반영합니다.

❷ 즐겨찾기에 추가 : 선호하는 지역을 추가하여 한 번에 쉽게 찾을 수 있습니다.

❸ 고정 : 현재 지역의 날씨를 윈도우 시작 화면의 타일로 추가할 수 있습니다.

❹ 어두운 테마 켜기 : 날씨 앱의 스타일을 어둡게 합니다.

❺ 일기 예보 : 날씨 앱의 기본 화면으로 현재 위치의 실시간 날씨를 보여 줍니다.

❻ 지도 : 기온, 강수량, 바람, 습도 등을 현재 사용자의 위치를 중심으로 넓은 범위의 지도로 보여 줍니다.

❼ 3D 지도 : ❻ 지도의 내용을 지구본 형태로 보여 줍니다.

❽ 시간별 일기 예보 : 현재 위치의 날씨 상태를 시간 단위로 보여 줍니다.

❾ 생활 : 자외선 지수, 우산 준비 여부 등 날씨에 따른 생활 정보를 알려 줍니다.

❿ 과거 날씨 : 연도와 월을 선택해 과거의 기온과 강수량 등을 알 수 있습니다(현재 대한민국은 서비스되지 않고, 해외 도시는 검색하여 확인할 수 있습니다).

⓫ 즐겨찾기 : '즐겨찾기에 추가'한 지역이 정리되어 있습니다.

⓬ 피드백 보내기 : 마이크로소프트에 피드백할 수 있는 기능입니다.

▶ 스티커 메모 만들기

01 [시작(⊞)]-[스티커 메모]를 선택합니다.

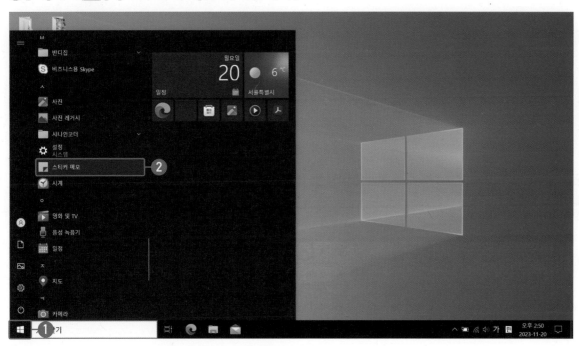

02 스티커 모양의 메모가 나타납니다. 메모의 가장자리로 마우스 포인터를 이동한 후 마우스 포인터의 모습이 화살표 모양으로 변경되면 **드래그하여 크기를 조절**합니다.

드래그

 잠깐

이전에 스티커 메모를 실행하여 작성한 적이 있다면 기존에 작성한 메모가 표시됩니다. 종료 위치에 따라 스티커 메모 목록 창이 함께 나타나기도 합니다. ⊞(새 메모) 버튼을 클릭해 새 메모를 생성한 후 실습합니다.

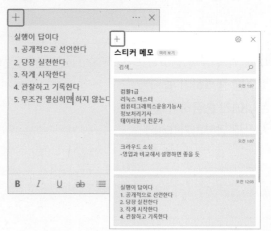

03 다음과 같은 **내용을 입력**합니다.

생일 케이크 주문하기 Enter
Enter
홍길동 주임 Enter
010-1234-5678 Enter

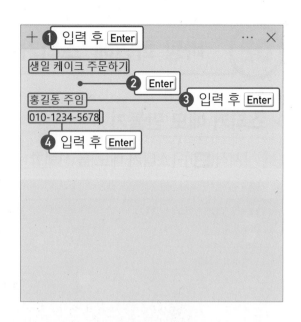

04 강조할 내용을 **드래그**하여 블록으로 지정한 후
B(굵게)를 클릭해 스타일을 적용합니다.

05 ⊞(새 메모) 버튼을 클릭합니다.

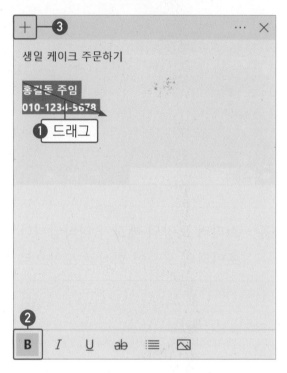

06 새로운 메모가 추가되면 ≣(글머리 기호로 전
환)을 클릭하고 다음과 같은 **할 일 목록을 입력**
합니다.

미팅 약속 날짜 정하기 Enter
헬스장 등록하기 Enter
누나에게 송금하기 Enter
재산세 납부하기 Enter

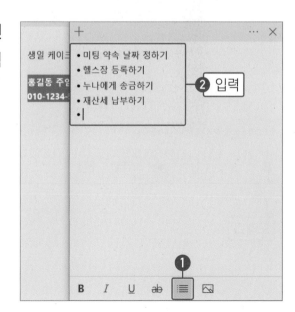

07 '미팅 약속 날짜 정하기'를 드래그하여 블록으로 지정한 후 ⓐ(취소선)을 클릭합니다. '누나에게 송금하기'를 드래그하여 블록으로 지정한 후 ⓐ(취소선)을 클릭합니다. 실행된 일정과 실행하지 않은 일정이 구분됩니다.

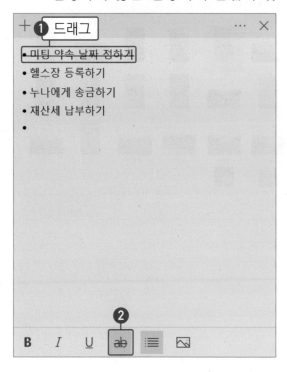 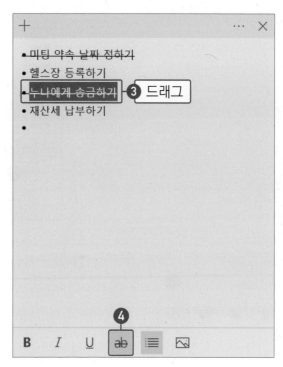

▶ 스티커 메모의 색 변경 및 이미지 삽입하기

01 ➕(새 메모) 버튼을 클릭합니다. 추가된 새 메모의 ⋯(메뉴) 버튼을 클릭합니다. 색을 선택합니다.

 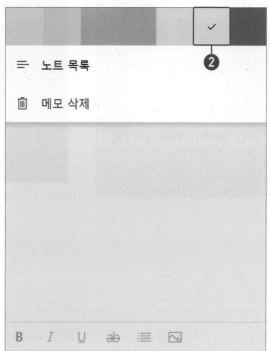

02 메모의 색상이 변경됩니다. (이미지 추가)를 클릭합니다. [열기] 대화상자가 나타나면 **사진을 선택**하고 [**열기**] 버튼을 클릭합니다.

03 메모에 사진이 삽입됩니다. **사진을 마우스 오른쪽 버튼으로 클릭**한 후 [이미지 보기]를 **선택**합니다. 삽입된 이미지를 확인할 수 있습니다. ▉(닫기) 버튼을 클릭합니다.

 잠깐

- 메모에 삽입된 이미지를 지우려면 바로 가기 메뉴에서 [이미지 삭제]를 선택합니다.
- 이미 컴퓨터에 저장되어 있는 사진이기 때문에 [장치에 저장]을 따로 할 필요는 없습니다.

▶ 스티커 메모 숨기기/표시하기 및 삭제하기

01 처음 작성한 메모를 제외하고 나머지 두 메모 의 ⊠(닫기) 버튼을 클릭합니다.

02 처음 작성한 메모의 ⋯(메뉴) 버튼을 클릭한 후 [노트 목록]을 선택합니다.

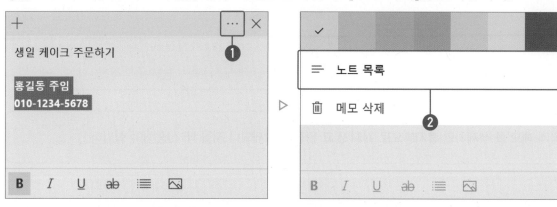

03 스티커 메모 목록 창이 나타납니다. 스티커 메모 목록에는 닫은 메모를 포함해 작성한 스 티커 메모 항목들이 보입니다. **사진이 삽입된 메모를 더블 클릭**합니다.

더블 클릭

04 선택한 메모가 다시 바탕 화면에 나타납니다. 메모 창에서 ⋯(메뉴) 버튼을 클릭한 후 [메모 삭제]를 선택합니다.

 '스티커 메모'를 삭제하면 휴지통으로 가지 않고 완전히 삭제되니 지울 때 신중해야 합니다.

05 삭제를 묻는 메시지가 나타나면 [삭제] 버튼을 클릭합니다. 바탕 화면에서 메모가 사라지고, 스티커 메모 목록 창의 항목에서도 사라진 것을 확인할 수 있습니다.

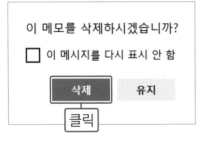

일기 예보 보기

01 [시작(⊞)]–[날씨]를 선택합니다.

 날씨 앱이 설치되어 있지 않다면 Microsoft Store에서 'MSN 날씨'를 검색해 설치합니다.

02 앱이 실행되면 [설정(⚙)]을 클릭합니다. [온도 표시 단위]는 '**섭씨**'를 선택하고, [기본 위치]에서 **사용자의 지역을 검색하여 선택**합니다. [일기 예보(⌂)]를 클릭합니다.

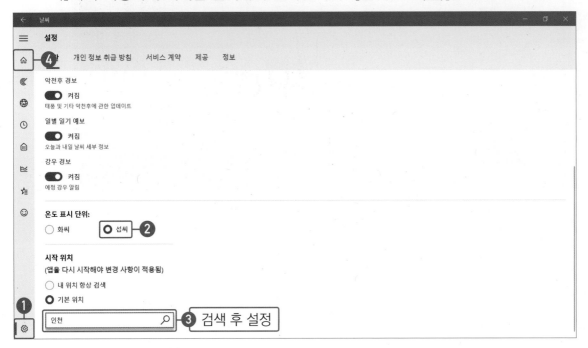

03 현재 위치의 날씨가 표시됩니다. **상하 막대(스크롤 바)를 아래로 내려 봅니다.**

04 시간별 날씨와 강수량 등 지역의 날씨를 좀 더 세부적으로 확인할 수 있습니다. 왼쪽 메뉴에서 [지도(◐)]를 클릭합니다.

05 현재 위치를 중심으로 지도가 나타납니다. 마우스 휠을 돌려 확대/축소할 수 있고, 드래그하여 지도를 움직일 수 있습니다. 특정 위치를 클릭한 후 휠을 돌리면 그 지역을 중심으로 확대/축소됩니다.

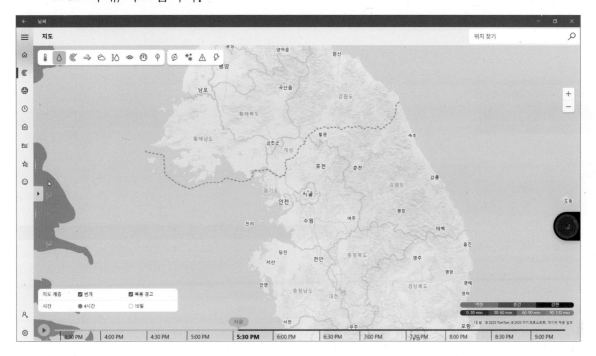

06 [기온(🌡)]을 클릭합니다. [재생(▶)]을 클릭하여 지역의 온도 변화를 확인해 봅니다.

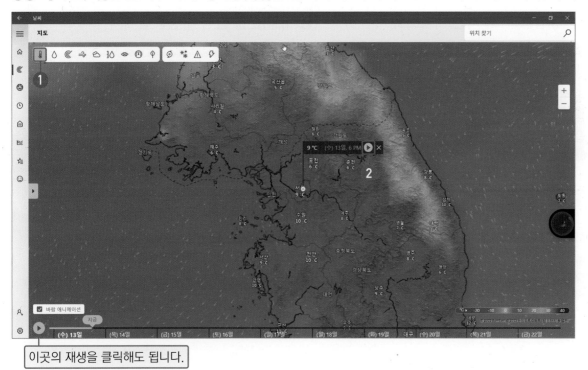

이곳의 재생을 클릭해도 됩니다.

07 좋아하는 장소를 추가할 수 있습니다. 왼쪽 메뉴에서 [즐겨찾기(⭐)]를 클릭한 후 ➕(추가) 버튼을 클릭합니다. [즐겨찾기에 추가]에 '로스앤젤레스'를 입력한 후 Enter 키를 누르면 추가됩니다.

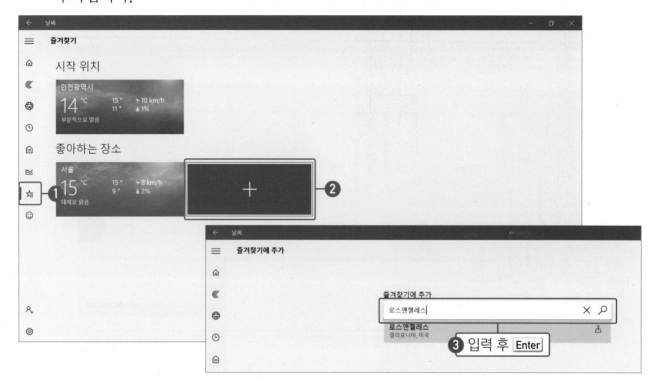

08 같은 방법으로 또 **다른 지역도 추가**한 후 ×(닫기) 버튼을 클릭해 종료합니다.

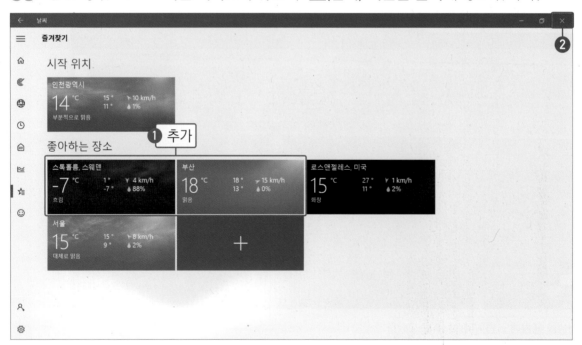

응용력 키우기

01 스티커 메모를 바로바로 사용할 수 있도록 윈도우 하단의 작업 표시줄에 고정시켜 봅니다.

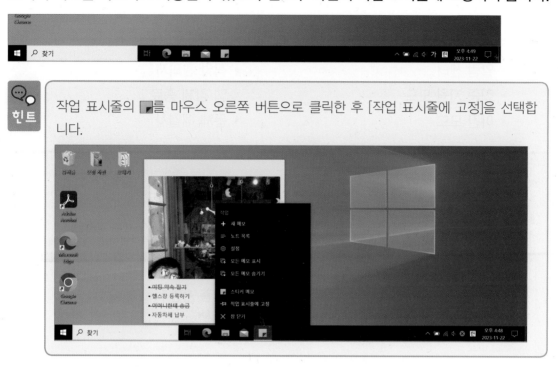

힌트 작업 표시줄의 █를 마우스 오른쪽 버튼으로 클릭한 후 [작업 표시줄에 고정]을 선택합니다.

02 날씨 앱에서 다른 지역을 [즐겨찾기(⭐)]에 추가해 보고 [지도(◐)]에서 그 지역 기온의 변화를 살펴봅니다.

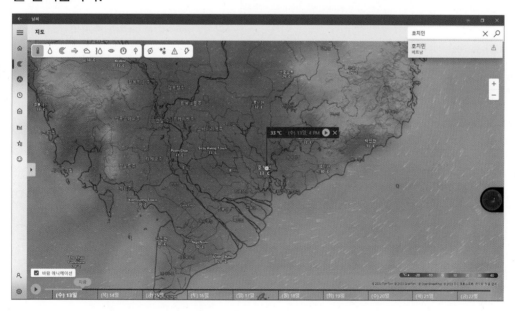

185

10 나도 이제 파워유저

▪ 알림 센터
▪ 집중 지원 모드
▪ 야간 모드

▪ 작업 관리자
▪ 앱 강제 종료
▪ 문제 해결사

미 / 리 / 보 / 기

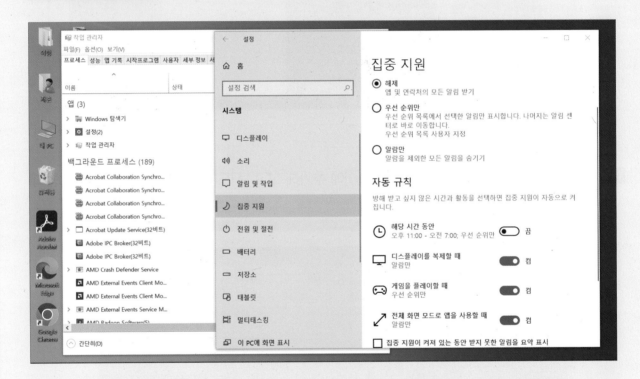

윈도우 10의 설정에는 많은 기능들이 숨어 있습니다. 그 많은 기능을 다 다룰 수 있다면

좋겠지만 전부를 다 알고 있는 사람들은 아마 손에 꼽을 정도일 것입니다. 여기서는 많이

사용하는 기능 몇 가지를 다뤄보겠습니다.

다양한 지원 기능 살펴보기

▶ **집중 지원 모드**

윈도우 10의 집중 지원 모드는 사용자의 설정에 따라 전체 또는 일부 앱의 알림만 받거나 시간을 정해 그 시간에는 알림을 아예 받지 않을 수 있습니다. 일을 하는 중에 메신저 알림이나 메일 도착 알림 같은 소리에 방해 받고 싶지 않은 사람들에게 유용한 기능입니다.

▣(알림 센터) 아이콘을 클릭하면 나타난 화면이나 [시작(▣)]–[설정(⚙)]을 클릭해 나타난 [설정] 창의 [시스템]에서 [집중 지원]을 설정할 수 있습니다.

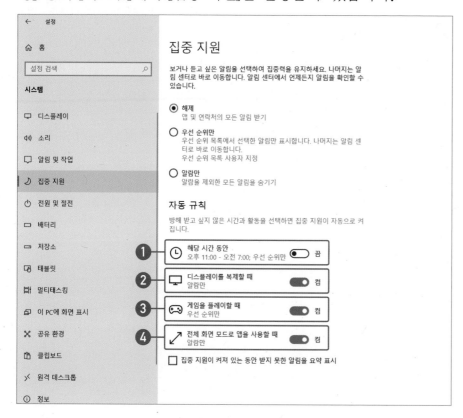

❶ 설정한 시간 동안만 '집중 지원'이 켜져 알림을 받지 않습니다.

❷ 프로젝터나 TV로 프레젠테이션 등을 진행할 때 알림을 꺼 둘 수 있습니다.

❸ 게임을 할 때 알림을 꺼 둘 수 있습니다.

❹ 영화 감상이나 사진 감상 등 전체 화면 사용 시 알림을 꺼 둘 수 있습니다.

▶ 야간 모드

요즘은 '디스플레이의 공해'라 할 만큼 사람들은 디스플레이 장치에 노출되어 있습니다. 모니터에서 나오는 블루라이트 파장은 우리의 눈을 쉽게 피로하게 하고, 눈이 피로해지면 몸 전체가 피로함을 느끼게 됩니다. 특히 낮보다는 저녁 이후의 블루라이트는 눈 건강에 심각한 악영향을 미칩니다. 윈도우 10에서 제공하는 '야간 모드'는 모니터의 블루라이트를 차단하여 눈의 피로함을 덜 느끼도록 하는 기능입니다.

🖵(알림 센터) 아이콘을 클릭하여 나타난 화면이나 [시작(🪟)]-[설정(⚙)]을 클릭해 나타난 [설정] 창의 [시스템]-[디스플레이]-[색]에서 야간 모드를 설정할 수 있습니다.

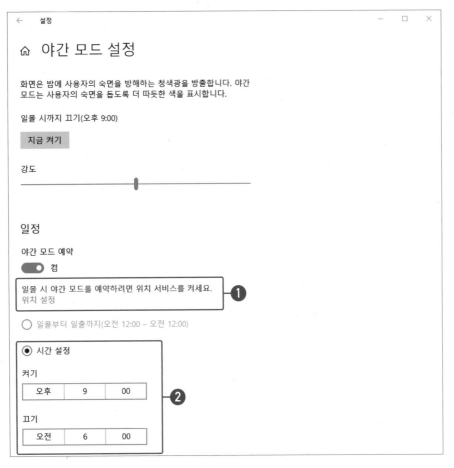

❶ 윈도우가 자동으로 일몰에 맞춰 '야간 모드'를 실행하게 하려면 위치 설정을 켜 주면 됩니다.

❷ '야간 모드'가 켜지는 시간과 꺼지는 시간을 설정할 수 있습니다.

188

▶ 문제 해결

윈도우를 사용하다 보면 원인 모를 이유로 앱이 멈춰버리거나 컴퓨터가 작동하지 않을 때가 있습니다. 특별히 내가 건드린 것도 없는데 이런 현상이 나타나면 당황한 나머지 컴퓨터 전원을 강제로 꺼버리는 경우가 종종 있습니다. 그래서 저장하지 못한 데이터를 잃어버리기도 합니다. 윈도우 10에 내장된 '문제 해결사'를 통해 내 컴퓨터에 어떤 문제가 있는지 점검하고 '작업 관리자'로 응답 없는 앱을 강제 종료할 수 있습니다.

[시작(⊞)]−[설정(⚙)]을 클릭해 나타난 [설정] 창의 [업데이트 및 보안]−[문제 해결]에서 설정할 수 있습니다.

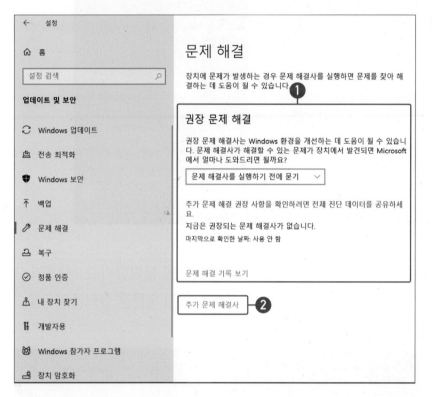

❶ 문제가 생겼을 때 권장하는 해결 방법을 제시합니다. 옵션으로 '문제 해결사'의 실행 여부 알림을 선택할 수 있습니다. 기본값인 '문제 해결사를 실행하기 전에 묻기'를 선택하는 것을 권장합니다.

❷ 좀 더 세부적으로 설정할 수 있습니다.

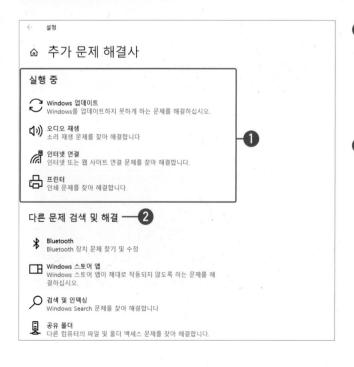

❶ 현재 실행되고 있는 업데이트, 오디오, 인터넷, 프린터와 관련된 문제를 알려 주고 '문제 해결사'를 실행할 수 있습니다.

❷ 기타 하드웨어와 윈도우 관련 '문제 해결사'를 실행할 수 있습니다.

02 방해꾼 차단하기 – 알림 센터

01 작업 표시줄 오른쪽의 ▣(알림 센터) 아이콘을 클릭하여 알림 센터를 엽니다. 꺼져 있는 [집중 지원] 버튼을 클릭합니다.

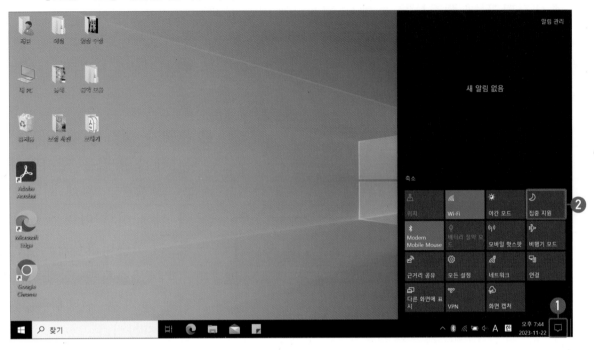

02 알람을 제외한 모든 알림이 꺼집니다. 한 번 더 [집중 지원] 버튼을 클릭합니다. 사용자가 설정한 앱들을 제외한 모든 알림이 꺼집니다. 한 번 더 [집중 지원] 버튼을 클릭하면 [집중 지원] 버튼이 꺼집니다.

 ▷  ▷

잠깐

▣(알림 센터) 아이콘을 마우스 오른쪽 버튼으로 클릭하면 바로 '집중 지원' 모드를 적용할 수 있습니다.

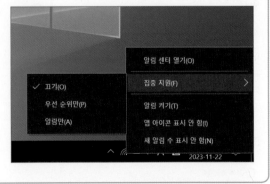

03 [집중 지원] 버튼을 마우스 오른쪽 버튼으로 클릭한 후 [설정으로 이동]을 선택합니다.

04 [설정] 창의 [집중 지원] 화면에서 **[자동 규칙]**을 원하는대로 설정합니다.

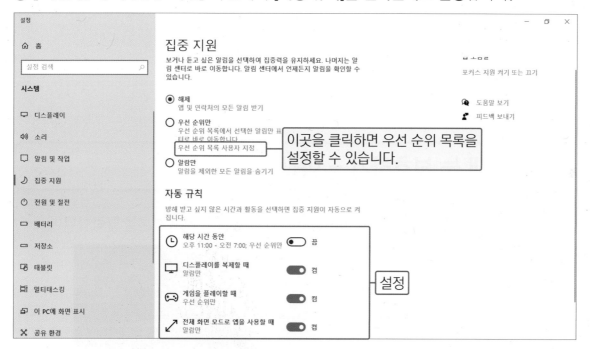

우선 순위 목록

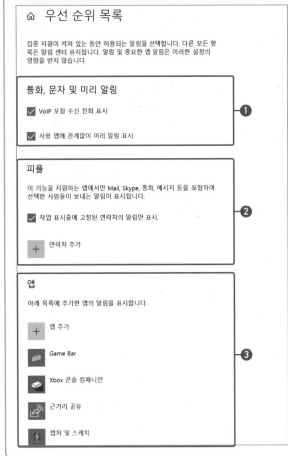

[우선 순위 목록 사용자 지정]을 클릭하면 그림과 같은 화면이 나타납니다.

❶ 통화, 문자 및 미리 알림 : 컴퓨터를 이용한 화상 통화나 휴대전화와 동기화된 메시지 등의 알림 여부를 설정할 수 있습니다.

❷ 피플 : 사용자의 윈도우에 연락처가 등록되어 있다면 알림을 받을 사람만 따로 설정할 수 있습니다. 추가된 사람들한테는 알림을 받습니다.

❸ 앱 : 우선 순위에 추가한 앱의 알림만 받습니다.

---

03 소중한 내 눈 보호하기 – 야간 모드

01 작업 표시줄 오른쪽의 ▢(알림 센터) 아이콘을 클릭한 후 [야간 모드] 버튼을 클릭합니다.

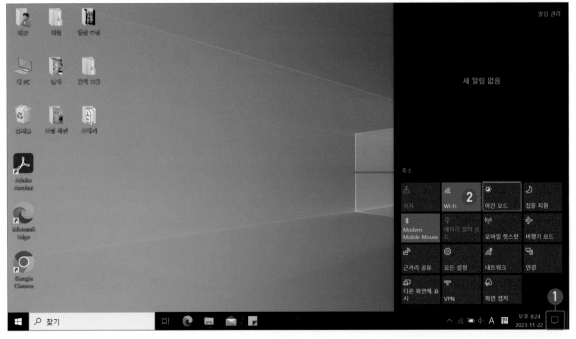

02 화면이 따뜻한 노란 기운을 띠게 됩니다. **[야간 모드]** 버튼을 마우스 오른쪽 버튼으로 클릭한 후 **[설정으로 이동]**을 선택합니다.

03 [설정] 창의 [디스플레이] 화면에서 **[야간 모드 설정]**을 클릭합니다.

04 [야간 모드 설정] 화면이 나타나면 [강도]의 슬라이더를 좌우로 드래그하여 자신에게 맞는 색으로 조절합니다. [일정]에서 [야간 모드 예약]을 '켬'으로 설정한 후 **시간을 설정**합니다.

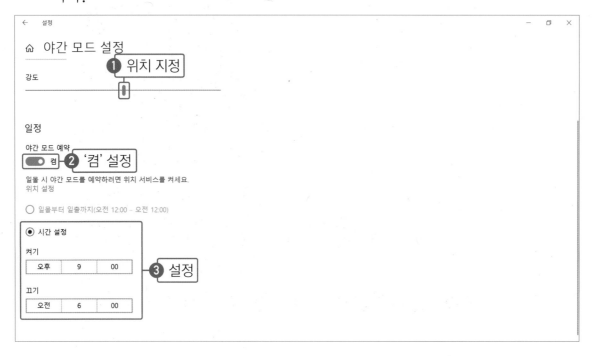

04 컴퓨터 문제 해결하기 – 작업 관리자, 문제 해결사

▶ 앱이 멈추면 '작업 관리자'의 도움을 받자

01 작업 표시줄을 마우스 오른쪽 버튼으로 클릭한 후 [작업 관리자]를 선택합니다.

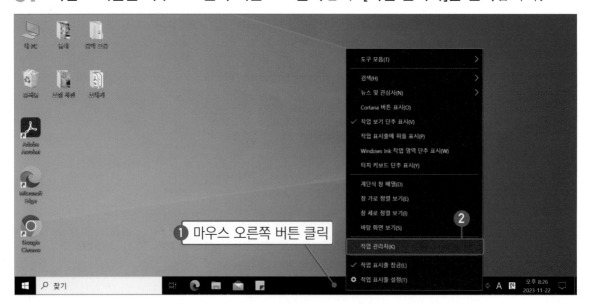

02 [작업 관리자] 창이 나타납니다. [프로세스] 탭을 보면 현재 실행되고 있는 앱과 백그라운드에서 돌아가고 있는 프로세스가 보입니다. 하단의 [간단히]를 클릭합니다.

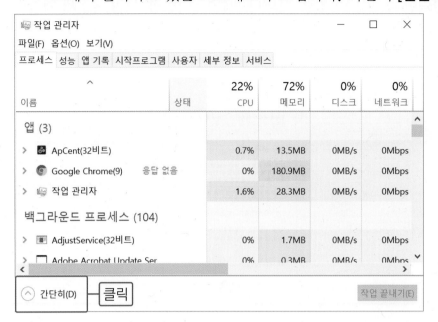

키보드의 Ctrl+Alt+Delete 키를 동시에 눌러 나타나는 화면에서 [작업 관리자]를 클릭해도 됩니다. 문제가 생겨 마우스 조차 움직이지 않을 때 이 방법을 사용합니다.

03 만약 앱이 멈춰 작동하지 않는다면 앱 옆에 '(응답 없음)'이라는 문구가 보일 것입니다. **멈춘 앱을 선택**하고 [작업 끝내기] 버튼을 클릭하면 멈춘 앱이 강제 종료되고 윈도우는 정상 작동하게 됩니다.

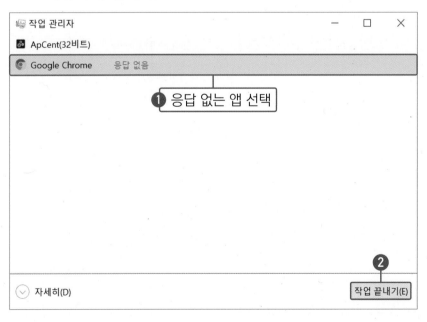

[작업 관리자] 창에는 복잡하고 시스템에 상당한 영향을 미치는 요소들도 표시됩니다. 현재 내가 실행하고 있는 앱 이외에는 확인용으로만 사용하는 것을 권장합니다.

▶ 문제는 '문제 해결사'를 부르자

01 [시작(⊞)]-[설정(⚙)]을 클릭한 후 [설정] 창이 나타나면 [업데이트 및 보안]-[문제 해결]-[추가 문제 해결사]를 클릭합니다.

02 [추가 문제 해결사] 화면이 나타납니다. 컴퓨터와 윈도우에 문제가 발생하면 이곳에서 진단할 수 있습니다. 현재 인터넷과 관련해 문제가 있다면 **[인터넷 연결]**을 클릭합니다. **[문제 해결사 실행]** 버튼을 클릭합니다.

03 [인터넷 연결 문제 해결]을 클릭하면 자동으로 문제를 검사합니다.

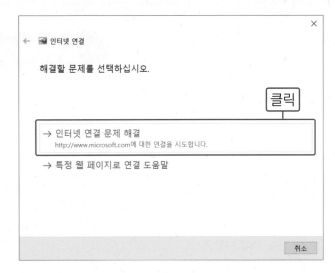

04 검사가 끝나고 윈도우가 알려주는 해결 방법대로 문제를 해결합니다.

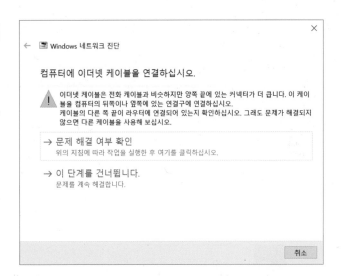

05 문제를 해결한 후 [문제 해결사 닫기]를 클릭합니다.

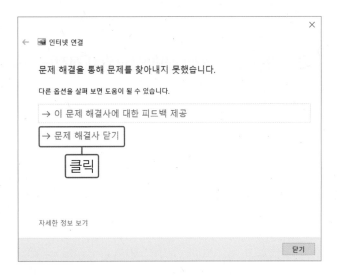

01 집중 지원 모드를 다음 시간 동안만 켜지도록 설정해 봅니다.

> • **반복** : 주말
> • **시간** : 오후 11시부터 오후 3시까지
> • **집중 레벨** : '우선 순위만' 알림

 [집중 지원] 화면의 [자동 규칙]에서 '해당 시간 동안'을 클릭하여 설정합니다.

02 [야간 모드 설정] 화면에서 [위치 설정]을 켜서 일몰에 맞춰 야간 모드가 실행되도록 일정을 설정해 봅니다.

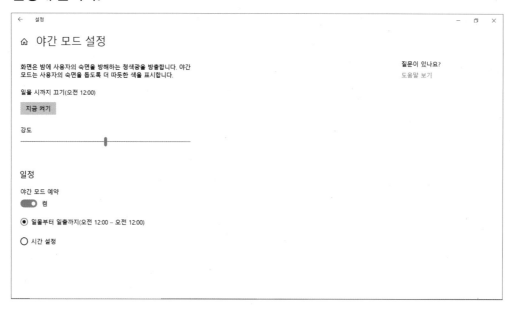

할 수 있다!

컴퓨터 활용 (Windows 10)

초 판 발 행	2024년 02월 01일
발 행 인	박영일
책 임 편 집	이해욱
저 자	이재훈
편 집 진 행	윤은숙
표 지 디 자 인	김도연
편 집 디 자 인	김지현, 김세연
발 행 처	시대인
공 급 처	(주)시대고시기획
출 판 등 록	제 10-1521호
주 소	서울시 마포구 큰우물로 75 [도화동 538 성지 B/D] 9F
전 화	1600-3600
팩 스	02-701-8823
홈 페 이 지	www.edusd.co.kr

I S B N	979-11-383-6583-3 [13000]
정 가	12,000원